Minna no Nihongo I

みんなの日本語

初級I 翻訳・文法解説ドイツ語版
Übersetzungen & Gramatikalische Erklärungen

スリーエーネットワーク

Minna no Nihongo I

みんなの日本語

初級I 翻訳・文法解説ドイツ語版
Übersetzungen & Gramatikalische Erklärungen

スリーエーネットワーク

© 2002 by 3A Corporation

All rights reserved. No part of this publication may be reproduced, stored in a retrieval system, or transmitted in any form or by any means, electronic, mechanical, photocopying, recording, or otherwise, without the prior written permission of the Publisher.

Published by 3A Corporation
Shoei Bldg., 6-3, Sarugaku-cho 2-chome, Chiyoda-ku, Tokyo 101-0064, Japan

ISBN4-88319-239-3 C0081

First published 2002
Printed in Japan

Vorwort

Das vorliegende Buch ist ein komplettes Lehrbuch, das auf derselben Basis wie das **Shin Nihongo no Kiso** konzipiert wurde. Es wurde in drei Jahren entworfen und herausgegeben und, wie der Titel **Minna no Nihongo** (Japanisch für Alle) zeigt, soll jeder – sowohl die, die ganz neu mit dem Japanischlernen beginnen als auch die Lehrenden Spaß und Interesse haben.

Das **Shin Nihongo no Kiso** ist, obwohl das Lehrbuch für Praktikanten des technischen Ausbildungszweiges entwickelt worden ist, als Lehrmaterial für die Grundstufe nicht nur in Japan, sondern auch im Ausland weit verbreitet, weil es sowohl qualitativ als auch quantitativ adäquat und für die Lerner, die in kurzer Zeit die gesprochene japanische Sprache erlernen wollen, sehr effektiv aufgebaut ist.

In den letzten Jahren ist die japanische Spracherziehung immer vielfältiger geworden. Die Entwicklung der internationalen Beziehungen förderte den menschlichen Austausch zwischen Japan und anderen Ländern und Ausländer mit verschiedenen Hintergründen und Absichten treten japanischen Bezirksgemeinschaften bei. Diese Änderung der gesellschaftlichen Umgebung durch die wachsende Zahl der Ausländer beeinflusst auch die Spracherziehung an japanischen Ausbildungsstätten. Das Interesse der Japanischlernenden wird verschiedenartiger und geeignete Maßnahmen zu den einzelnen Fällen werden benötigt.

Mit Rücksicht auf den zeitlichen Hintergrund sowie auf die Wünsche und Meinungen der Leute, die sich seit vielen Jahren im In- und Ausland mit der Spracherziehung beschäftigen, entschloss sich 3A Corporation, **Minna no Nihongo** herauszugeben. Während **Minna no Nihongo** sich die klaren Lernpunkte und die Lernmethode des **Shin Nihongo no Kiso** zu nutzen macht, wurde der Inhalt erweitert und einige neue Ideen aufgegriffen, so dass z.B. bei den Szenen, Situationen und Personen in Dialogen die Vielfältigkeit der Lerner entsprechend universaler wurde und alle trotz der regionalen Unterschiede im In- und Ausland mit Spaß lernen können.

Minna no Nihongo ist konzipiert für die Ausländer, die am Arbeitsplatz, in der Familie, in der Schule, im Bezirk, usw. auf Japanisch kommunizieren müssen. Obwohl es sich um das Lehrbuch der Grundstufe handelt, haben wir uns Mühe gegeben, in den Szenen, in denen Ausländer und Japaner miteinander kommunizieren, so viel wie möglich japanische Umstände sowie gesellschaftliches und alltägliches Leben der Japaner widerzuspiegeln. Dieses Lehrbuch ist hauptsächlich für Erwachsene im Allgemeinen gedacht, aber es ist natürlich auch Lernern an der Universität als Vorbereitung auf ihr Studium sowie Teilnehmern an Intensivkursen an Fachschulen bzw. Universitäten zu empfehlen.

Wir wünschen uns, dass Sie weiterhin unser Lehrbuch nutzen, da wir auch in Zukunft neue Lehrmaterialien publizieren werden, um der Vielfalt der Lerner und dem einzelnen Bedarf an Ausbildungsstätten entgegenzukommen.

Zum Schluss möchten wir uns herzlich bei allen bedanken, die bei der Herausgabe des Buches mitgewirkt haben durch Meinungsäußerungen, Verbesserungsvorschläge oder Probenutzung des Buches im Unterricht. 3A Corporation ist bemüht, z.B. durch die Herausgabe von Lehrmaterialien zur japansichen Sprache, das menschliche Netzwerk zu erweitern.

Wir möchten Sie bitten, weiterhin unsere Arbeit zu unterstützen und uns zu ermutigen.

Iwao Ogawa
Präsident, 3A Corporation
März 1998

EINLEITUNG

I. Aufbau

Minna no Nihongo I besteht aus einem Lehrbuch, einem Buch mit Übersetzungen & Grammatikalischen Erklärungen sowie Hörkassetten. Die Übersetzungen & Grammatikalischen Erklärungen sind zz. auf Englisch, Chinesisch, Koreanisch, Französisch, Portugiesisch, Thailändisch, Indonesisch, Russisch und Deutsch erhältlich.

Das Lehrmaterial ist im Wesentlichen auf das Hörverstehen und Sprechen der japanischen Sprache ausgelegt. Es beinhaltet keine Lese- oder Schreibübungen für *Hiragana*, *Katakana* und *Kanji*.

II. Inhalt und Benutzungshinweise

1. Lehrbuch

1) Aussprache

   In diesem Teil werden die wichtigsten Regeln der japanischen Aussprache anhand von Beispielen erläutert.

2) Unterrichtsanweisungen, Ausdrücke und Grußformeln aus dem täglichen Leben, Zahlen

   Hier werden häufig im Unterricht bzw. im Alltag gebrauchte Redewendungen aufgeführt.

3) Lektionen

   Es gibt 25 Lektionen mit folgendem Inhalt:

   ① Satzstrukturen

   Grundsatzstrukturen, die in der jeweiligen Lektion behandelt werden, werden vorgestellt.

   ② Beispielsätze

   Kurze Dialoge im Frage-Antwort-Stil zeigen die praktische Anwendung der behandelten Grundsatzstrukturen. Darüber hinaus werden Anwendungen der neuen Adverbien, Konjunktionen etc. und weitere Lerninhalte neben den Grundsatzstrukturen aufgeführt.

   ③ Dialoge

   In den Dialogen treten Ausländer, die in Japan leben, in unterschiedlichen Situationen auf. Die Dialoge beinhalten die Lerninhalte der jeweiligen Lektion sowie Redewendungen und Grußformeln aus dem täglichen Leben. Da sie einfach sind, wird empfohlen, sie auswendig zu lernen. Wenn es die Zeit erlaubt, sollten die Lerner versuchen, mit Hilfe des Zusatzvokabulars in Übersetzungen & Grammatikalische Erklärungen selbst einen Dialog zu entwickeln, um so ihre Kommunikationsfähigkeiten zu erweitern.

   ④ Übungen

   Die Übungen sind in drei Stufen (A, B und C) unterteilt.

   Übung A ist in Tabellenform gestaltet, damit die jeweilige grammatikalische Struktur leicht verständlich dargestellt werden kann. Die Tabellenform unterstützt das systematische Lernen der grundlegenden Satzstrukturen, die Bildung der Flexionsformen und die Verbindungsart der jeweiligen Form.

Übung B enthält verschiedene Drillübungen und dient zur Vertiefung der Grundsatzstrukturen. Folgen Sie den jeweiligen Übungsanweisungen. Übungen, die mit ☞ gekennzeichnet sind, werden mit Bilderkarten durchgeführt.

Übung C ist in kurzer Dialogform gestaltet, um die Funktion der Satzstrukturen in echten Situationen zu lernen und das praktische Konversationsvermögen zu verbessern. Es soll nicht einfach nur gelesen und wiederholt, sondern auch anderes Vokabular an die betreffenden Stellen der Dialogbeispiele eingesetzt, der Inhalt erweitert und die Handlung weiter entwickelt werden.

⑤ Aufgaben

Es gibt drei Arten von Aufgaben: Hör- (die mit dem Zeichen 📼), Grammatik- und Leseaufgaben.

Die Höraufgaben sind in die Beantwortung von kurzen Fragen und die Erfassung wichtiger Punkte von kurzen Dialogen unterteilt, mit denen die Vertiefung des Hörverstehens beabsichtigt wird.

Mit den Grammatikaufgaben werden das Vokabular und die Grammatik der jeweiligen Lektion überprüft.

Bei den Leseaufgaben sollen die Lerner leichte Texte lesen und Fragen zu dem Text beantworten. Im Text wird das schon gelernte Vokabular und die Grammatik verwendet.

⑥ Wiederholung

Dieser Teil dient zur Wiederholung der wesentlichen Punkte, die in der jeweiligen Lektion gelernt wurden.

⑦ Zusammenfassung

Am Ende des Lehrbuches werden die in diesem Lehrbuch behandelten grammatikalischen Inhalte wie Partikeln, Anwendung der verschiedenen Verbformen, Adverbien und Konjunktionen mit Beispielsätzen zusammengefasst.

⑧ Index

Der Index enthält außer dem Vokabular und den idiomatischen Ausdrücken der jeweiligen Lektion „Unterrichtsanweisungen", „Ausdrücke und Grußformeln aus dem täglichen Leben" und „Zahlen". Die Nummer verweist auf die jeweilige Lektion, in der diese zum ersten Mal eingeführt werden.

2. Übersetzungen & Grammatikalische Erklärungen

1) Allgemeiner Überblick über die Grundzüge, Aussprache und Schrift der japanischen Sprache
2) Übersetzung der „Unterrichtsanweisungen" und „Ausdrücke und Grußformeln aus dem täglichen Leben" aus dem Lehrbuch
3) 1. bis 25. Lektion beinhalten:
   ① neues Vokabular und dessen Übersetzung
   ② Übersetzung der Satzstrukturen, Beispielsätze und Dialoge
   ③ Zusatzvokabular, das beim Lernen der jeweiligen Lektion nützlich ist, sowie einige Informationen über Japan
   ④ grammatikalische Erläuterung der Satzstrukturen und Ausdrücke
4) Übersetzung der am Ende des Lehrbuches aufgeführten Zusammenfassung von Partikeln, Anwendung der Flexionsformen, Adverbien und Konjunktionen.

5) Tabellen mit Zahlen, Angaben der Zeit und Zeiträumen und Zähleinheitssuffixe. Einige Punkte, die nicht im Lehrbuch behandelt werden, wurden hinzugefügt.

3. Hörkassetten

Auf den Hörkassetten befinden sich Aufnahmen des neuen Vokabulars, der Satzstrukturen, der Beispielsätze, der Übungen C, der Dialoge und der Höraufgaben zu jeder Lektion.

Beim Hören des Vokabulars, der Satzstrukturen und der Beispielsätze sollten die Lerner vor allem auf Akzent und Intonation achten. Bei den Übungen C und den Dialogen geht es vor allem darum, sich an die normale Sprechgeschwindigkeit zu gewöhnen und die Hörfähigkeit zu erhöhen.

4. Orthographische Anmerkung

1) Die Verwendung von *Kanji* in diesem Buch basiert grundsätzlich auf der „Jôyô-Kanji-Hyô (常用漢字表 じょうようかんじひょう)", der offiziellen Liste der sinojapanischen Schriftzeichen (*Kanji*) für den allgemeinen Gebrauch.

① 熟字訓 じゅくじくん (Wörter, die aus einer Kombination von zwei oder mehreren *Kanji* bestehen und eine Sonderlesung haben), die im Anhang der 常用漢字表 じょうようかんじひょう aufgeführt sind, werden hier mit *Kanji* geschrieben.

z.B. 友達 ともだち Freund   果物 くだもの Obst   眼鏡 めがね Brille

② Eigennamen wie Namen von Ländern und Ortsnamen sowie Fachbegriffe aus den Bereichen Kunst und Kultur werden mit *Kanji* geschrieben, auch wenn diese *Kanji* und ihre Lesung nicht in der 常用漢字表 じょうようかんじひょう stehen.

z.B. 大阪 おおさか Ôsaka   奈良 なら Nara   歌舞伎 かぶき Kabuki

2) *Kanji* werden, soweit sie in der 常用漢字表 じょうようかんじひょう und dem Anhang aufgeführt sind, mit der Lesung über dem Schriftzeichen (in *Hiragana*) verwendet. Einige Wörter werden allerdings der Lesbarkeit halber nur in *Hiragana* geschrieben.

z.B. ある (有 あ る besitzen・在 あ る existieren)
たぶん (多分 たぶん) vielleicht   きのう (昨日 きのう) gestern

3) Es werden grundsätzlich arabische Zahlen verwendet.

  z.B. 9時 9 Uhr 4月1日 1. April 1つ ein(s)

 In den folgenden Fällen werden allerdings *Kanji* verwendet.

  z.B. 一人で alleine 一度 einmal 一万円札 ein 10.000 Yen Schein

5. Sonstiges

1) Worte, die auch ausgelassen werden können, stehen in eckigen Klammern [ ].

  z.B. 父は 54[歳]です。 Mein Vater ist 54 Jahre alt.

2) Synonyme stehen in Klammern ( ).

  z.B. だれ（どなた） wer

3) „〜" kennzeichnet die Stellen, an denen Worte ausgetauscht werden können.

  z.B. 〜は いかがですか。 Wie wäre es mit 〜?

 Im Fall von Zahlen wird „－" verwendet.

  z.B. －歳 －Jahre alt －円 －Yen －時間 －Stunden

FÜR DIE LERNER
Die effektivste Art und Weise zu lernen

1. Lernen Sie jedes Wort gründlich

Dieses Lehrbuch führt das neue Vokabular der jeweiligen Lektion ein. Lernen Sie zuerst gründlich mit Hilfe der Kassetten das Vokabular mit der richtigen Aussprache und dem Akzent. Es wird sehr empfohlen, mit dem neuen Vokabular kurze Sätze zu bilden. Es ist wichtig, dass Sie nicht nur die einzelnen Wörter, sondern auch ihre Verwendung in Sätzen lernen.

2. Üben Sie die Satzstrukturen

Üben Sie die Satzstrukturen mit Hilfe der Übungen A und B, bis Sie die richtige Bedeutung der Satzstrukturen erfasst haben und vollkommen mit ihnen vertraut sind. Vor allem ist es wichtig, Übung B laut zu üben.

3. Üben Sie die Dialoge

Den Satzstrukturübungen folgen Dialogübungen. Die Dialoge bestehen aus Beispielen für mögliche Situationen im Alltag, denen Ausländer in Japan begegnen. Um sich mit solchen Dialogen vertraut zu machen, üben Sie zunächst Übung C gründlich. Üben Sie nicht nur die Dialogmuster, sondern versuchen Sie, die Dialoge selbständig zu erweitern. Lernen Sie darüber hinaus durch das Üben der Dialoge eine situationsangemessene Gesprächsführung zu beherrschen.

4. Hören Sie sich die Kassette immer wieder an

Wenn Sie sich mit Übung C und den Dialogen beschäftigen, sollten Sie dazu die Kassette hören und den Text laut nachsprechen, um die richtige Aussprache und Intonation kennen zu lernen. Hören Sie die Kassetten immer wieder, damit Sie sich an die Laute und Geschwindigkeit der japanischen Sprache gewöhnen und Ihr Hörverständnis geschult wird.

5. Wiederholen Sie und bereiten Sie sich auf die nächste Lektion vor

Damit Sie nicht vergessen, was Sie im Unterricht gelernt haben, wiederholen Sie das Gelernte unbedingt noch am gleichen Tag. Erledigen Sie am Ende jeder Lektion als Nachbereitung die Aufgaben. Falls es die Zeit erlaubt, sollten Sie sich auch noch die Vokabeln und Grammatik der nächsten Lektion ansehen. Dies ist eine hilfreiche Vorbereitung, um effektiv weiter zu lernen.

6. Wenden Sie das Gelernte an

Beschränken Sie Ihr Lernen nicht nur auf den Unterricht. Versuchen Sie, sich mit dem gelernten Japanisch mit Japanern zu unterhalten. Das Gelernte sofort anzuwenden ist der beste Weg, Fortschritte zu machen.

Wenn Sie auf diese Weise dieses Lehrbuch beenden, werden Sie einen Grundstock an Vokabular und Grammatik aufgebaut haben, der für das tägliche Leben in Japan notwendig ist.

AUFTRETENDE PERSONEN

Mike Miller
Amerikaner, Angestellter bei IMC

Satô, Keiko
Japanerin, Angestellte bei IMC

Jose Santos
Brasilianer, Angestellter bei Brazil Air

Maria Santos
Brasilianerin, Hausfrau

Karina
Indonesierin, Studentin an der Fuji Universität

Wang Xue
Chinese, Arzt im Kôbe Krankenhaus

Yamada, Ichirô
Japaner, Angestellter bei IMC

Yamada, Tomoko
Japanerin, Bankangestellte

Matsumoto, Tadashi
Japaner, Abteilungsleiter bei IMC

Matsumoto, Yoshiko
Japanerin, Hausfrau

Kimura, Izumi
Japanerin, Fernsehansagerin

— Andere Personen —

Watt
Engländer,
Dozent an der Sakura Universität

Schmidt
Deutscher,
Ingenieur der Power Electric Company

Lee
Koreanerin,
Forscherin am AKC

Teresa
Brasilianerin, Schülerin (9),
Tochter von Jose & Maria Santos

Tarô
Japaner, Schüler (8),
Sohn von Ichirô &
Tomoko Yamada

Gupta
Inder, Angestellter bei IMC

Thawaphon
Thailänder, Schüler einer
Sprachschule für Japanisch

※**IMC** (Name einer Computersoftwarefirma)
※**AKC** (アジア研究センター：Asia Research Institute)

INHALTSVERZEICHNIS

EINFÜHRUNG ···2
    I.   **Grundzüge der japanischen Sprache**
    II.   **Japanische Schrift**
    III. **Aussprache**

VORBEREITUNGSLEKTION ···8
    I.   **Aussprache**
    II.   **Unterrichtsanweisungen**
    III. **Ausdrücke und Grußformeln aus dem täglichen Leben**
    IV. **Zahlen**

AUSDRÜCKE FÜR DIE ANWEISUNGEN ··10
ABKÜRZUNGEN ··11
LEKTION 1 ···12

I. **Vokabular**	**IV. Grammatik**
II. **Übersetzungen**	1. N₁は N₂です
Satzstrukturen & Beispielsätze	2. N₁は N₂じゃ ありません
Dialog	3. Sか
Darf ich mich vorstellen?	4. Nも
III. **Zusatzvokabular & Informationen**	5. N₁の N₂
LÄNDER, MENSCHEN & SPRACHEN	6. ～さん

LEKTION 2 ···18

I. **Vokabular**	**IV. Grammatik**
II. **Übersetzungen**	1. これ／それ／あれ
Satzstrukturen & Beispielsätze	2. この N／その N／あの N
Dialog	3. そうです／そうじゃ ありません
Nur eine kleine Aufmerksamkeit	4. S₁か、S₂か
III. **Zusatzvokabular & Informationen**	5. N₁の N₂
FAMILIENNAMEN	6. そうですか

LEKTION 3 ·· 24

- I. **Vokabular**
- II. **Übersetzungen**
    - Satzstrukturen & Beispielsätze
    - Dialog
        - Geben Sie mir bitte davon
- III. **Zusatzvokabular & Informationen**
    - KAUFHAUS

IV. **Grammatik**
1. ここ／そこ／あそこ／こちら／そちら／あちら
2. N₁は N₂ (Ort)です
3. どこ／どちら
4. N₁の N₂
5. Das こ／そ／あ／ど-System (Demonstrativa)
6. お国

LEKTION 4 ·· 30

- I. **Vokabular**
- II. **Übersetzungen**
    - Satzstrukturen & Beispielsätze
    - Dialog
        - Von wann bis wann haben Sie geöffnet?
- III. **Zusatzvokabular & Informationen**
    - TELEFON & BRIEFE

IV. **Grammatik**
1. 今 －時－分です
2. Vます
3. Vます／Vません／Vました／Vませんでした
4. N (Zeit)に V
5. N₁から N₂まで
6. N₁と N₂
7. Sね

LEKTION 5 ·· 36

- I. **Vokabular**
- II. **Übersetzungen**
    - Satzstrukturen & Beispielsätze
    - Dialog
        - Fährt dieser Zug nach Kôshien?
- III. **Zusatzvokabular & Informationen**
    - FEIERTAGE

IV. **Grammatik**
1. N (Ort)へ 行きます／来ます／帰ります
2. どこ[へ]も 行きません／行きませんでした
3. N (Fahrzeug)で 行きます／来ます／帰ります
4. N (Person/Tier)と V
5. いつ
6. Sよ

LEKTION 6 ··· 42

I. Vokabular

II. Übersetzungen
  Satzstrukturen & Beispielsätze
  Dialog
    Wollen Sie nicht mit uns hingehen?

III. Zusatzvokabular & Informationen
  LEBENSMITTEL

IV. Grammatik
1. Nを V (transitiv)
2. Nを します
3. 何を しますか
4. なん und なに
5. N (Ort)で V
6. Vませんか
7. Vましょう
8. お〜

LEKTION 7 ··· 48

I. Vokabular

II. Übersetzungen
  Satzstrukturen & Beispielsätze
  Dialog
    Jemand zu Hause?

III. Zusatzvokabular & Informationen
  FAMILIE

IV. Grammatik
1. N (Mittel/Methode)で V
2. „Wort/Satz" は 〜語で 何ですか
3. N (Person)に あげます, etc.
4. N (Person)に もらいます, etc.
5. もう Vました

LEKTION 8 ··· 54

I. Vokabular

II. Übersetzungen
  Satzstrukturen & Beispielsätze
  Dialog
    Es ist langsam Zeit zu gehen

III. Zusatzvokabular & Informationen
  FARBEN & GESCHMACK

IV. Grammatik
1. Adjektive
2. Nは な-Adj[な]です
  Nは い-Adj(〜い)です
3. な-Adjな N
  い-Adj(〜い) N
4. とても／あまり
5. Nは どうですか
6. N_1は どんな N_2ですか
7. S_1が、S_2
8. どれ

LEKTION 9 ··60

I. **Vokabular**

II. **Übersetzungen**

    Satzstrukturen & Beispielsätze

    Dialog

        Das ist schade

III. **Zusatzvokabular & Informationen**

    MUSIK, SPORT & FILME

IV. **Grammatik**

1. Nが あります／わかります
   Nが 好きです／嫌いです／
   上手です／下手です
2. どんな N
3. よく／だいたい／たくさん／少し／
   あまり／全然
4. S₁から、S₂
5. どうして

LEKTION 10 ···66

I. **Vokabular**

II. **Übersetzungen**

    Satzstrukturen & Beispielsätze

    Dialog

        Hätten Sie vielleicht Chilisoße?

III. **Zusatzvokabular & Informationen**

    IM HAUS

IV. **Grammatik**

1. Nが あります／います
2. N₁ (Ort)に N₂が あります／います
3. N₁は N₂ (Ort)に あります／います
4. N₁ (Gegenstand, Person, Ort)の N₂ (Position)
5. N₁や N₂
6. Wort/Wörter ですか
7. チリソースは ありませんか

LEKTION 11 ···72

I. **Vokabular**

II. **Übersetzungen**

    Satzstrukturen & Beispielsätze

    Dialog

        Ich möchte das hier schicken, bitte!

III. **Zusatzvokabular & Informationen**

    SPEISEKARTE

IV. **Grammatik**

1. Ausdrücke für Zahlen und Mengen
2. Zahlwort (Zeitdauer)に 一回 V
3. Zahlwortだけ／Nだけ

LEKTION 12 ···78

I. **Vokabular**

II. **Übersetzungen**

    Satzstrukturen & Beispielsätze

    Dialog

        Wie war das Fest?

III. **Zusatzvokabular & Informationen**

    FESTE & SEHENSWÜRDIGKEITEN

IV. **Grammatik**

1. Sätze mit Prädikatsnomen und Prädikatsadjektiv (な-Adjektiv) in der Vergangenheit
2. Sätze mit Prädikatsadjektiv (い-Adjektiv) in der Vergangenheit
3. N₁は N₂より Adjektiv です
4. N₁と N₂と どちらが Adjektiv ですか
   …N₁/N₂の ほうが Adjektiv です
5. N₁[の 中]で 何／どこ／だれ／いつが いちばん Adjektiv ですか
   …N₂が いちばん Adjektiv です

LEKTION 13 ·· 84
  I. **Vokabular**
  II. **Übersetzungen**
     Satzstrukturen & Beispielsätze
     Dialog
        Bitte rechnen Sie getrennt ab!
  III. **Zusatzvokabular & Informationen**
     IN DER STADT

  IV. **Grammatik**
  1. Nが 欲(ほ)しいです
  2. Vます-Formたいです
  3. N (Ort)へ { Vます-Form / N } に 行(い)きます／来(き)ます／帰(かえ)ります
  4. Nに V／Nを V
  5. どこか／何(なに)か
  6. ご注文(ちゅうもん)

LEKTION 14 ·· 90
  I. **Vokabular**
  II. **Übersetzungen**
     Satzstrukturen & Beispielsätze
     Dialog
        Fahren Sie bitte nach Umeda!
  III. **Zusatzvokabular & Informationen**
     BAHNHOF

  IV. **Grammatik**
  1. Flexion der Verben
  2. Verbgruppen
  3. Verbて-Form
  4. Vて-Form ください
  5. Vて-Form います
  6. Vます-Formましょうか
  7. S_1が、S_2
  8. Nが V

LEKTION 15 ·· 96
  I. **Vokabular**
  II. **Übersetzungen**
     Satzstrukturen & Beispielsätze
     Dialog
        Erzählen Sie doch von Ihrer Familie!
  III. **Zusatzvokabular & Informationen**
     BERUFE

  IV. **Grammatik**
  1. Vて-Formも いいです
  2. Vて-Formは いけません
  3. Vて-Form います
  4. Vて-Form います
  5. 知(し)りません

LEKTION 16 ·· 102
  I. **Vokabular**
  II. **Übersetzungen**
     Satzstrukturen & Beispielsätze
     Dialog
        Zeigen Sie mir bitte, wie man diesen Automaten benutzt
  III. **Zusatzvokabular & Informationen**
     WIE MAN GELDAUTOMATEN BENUTZT

  IV. **Grammatik**
  1. Vて-Form、[Vて-Form]、〜
  2. い-Adj (〜い)→〜くて、〜
  3. N / な-Adj [な] で、〜
  4. V_1て-Formから、V_2
  5. N_1は N_2が Adjektiv
  6. どうやって
  7. どの N

LEKTION 17 ·· 108

I. Vokabular

II. Übersetzungen
    Satzstrukturen & Beispielsätze
    Dialog
        Was fehlt Ihnen?

III. Zusatzvokabular & Informationen
    KÖRPER & KRANKHEITEN

IV. Grammatik
1. Verb ない-Form
2. Vない-Formないで ください
3. Vない-Formなければ なりません
4. Vない-Formなくても いいです
5. N (Objekt) は
6. N (Zeit) までに V

LEKTION 18 ·· 114

I. Vokabular

II. Übersetzungen
    Satzstrukturen & Beispielsätze
    Dialog
        Was ist Ihr Hobby?

III. Zusatzvokabular & Informationen
    BEWEGUNGEN

IV. Grammatik
1. Verb Wörterbuchform
2. N / V Wörterbuchform こと } が できます
3. わたしの 趣味は { N / V Wörterbuchform こと } です
4. V₁ Wörterbuchform / Nの / Zahlwort (Zeitraum) } まえに、V₂
5. なかなか
6. ぜひ

LEKTION 19 ·· 120

I. Vokabular

II. Übersetzungen
    Satzstrukturen & Beispielsätze
    Dialog
        Mit meiner Diät fange ich morgen an!

III. Zusatzvokabular & Informationen
    TRADITIONELLE KULTUR &
    UNTERHALTUNG

IV. Grammatik
1. Verbた-Form
2. Vた-Form ことが あります
3. Vた-Formり、Vた-Formり します
4. い-Adj (〜い)→〜く / な-Adj [な] →〜に / Nに } なります
5. そうですね

LEKTION 20 ·· 126

I. Vokabular

II. Übersetzungen
    Satzstrukturen & Beispielsätze
    Dialog
        Was machst du in den Sommerferien?

III. Zusatzvokabular & Informationen
    ANREDE

IV. Grammatik
1. Höflicher Stil und einfacher Stil
2. Der Gebrauch von höflichem und einfachem Stil
3. Dialoge im einfachen Stil

LEKTION 21 ·· 132

I. Vokabular

II. Übersetzungen

 Satzstrukturen & Beispielsätze

 Dialog

  Ich denke auch so

III. Zusatzvokabular & Informationen

 POSITIONENBEZEICHNUNG

 IN DER GESELLSCHAFT

IV. Grammatik

1. einfache Form と 思(おも)います
2. „S" / einfache Form } と 言います
3. V / い-Adj einfache Form / な-Adj einfache Form / N ～だ } でしょう？
4. N₁ (Ort) で N₂ が あります
5. N (Szene/Situation) で
6. N でも V
7. V ない-Form ないと…

LEKTION 22 ·· 138

I. Vokabular

II. Übersetzungen

 Satzstrukturen & Beispielsätze

 Dialog

  Was für eine Wohnung hätten Sie gern?

III. Zusatzvokabular & Informationen

 KLEIDUNG

IV. Grammatik

1. Nähere Bestimmung von Nomen
2. Nähere Bestimmung von Nomen durch Sätze
3. N が
4. V Wörterbuchform 時間(じかん)／約束(やくそく)／用事(ようじ)

LEKTION 23 ·· 144

I. Vokabular

II. Übersetzungen

 Satzstrukturen & Beispielsätze

 Dialog

  Können Sie mir bitte sagen,

  wie ich zu Ihnen komme?

III. Zusatzvokabular & Informationen

 STRASSEN & VERKEHR

IV. Grammatik

1. V Wörterbuchform / V ない-Form / い-Adj (～い) / な-Adj な / N の } とき、～
2. V Wörterbuchform / V た-Form } とき、～
3. V Wörterbuchform と、～
4. N が Adjektiv/V
5. N (Ort) を V (Bewegung)

LEKTION 24 · 150

I. Vokabular
II. Übersetzungen
    Satzstrukturen & Beispielsätze
    Dialog
        Können Sie mir helfen?
III. Zusatzvokabular & Informationen
    GESCHENKESITTE UND -BRAUCH

IV. Grammatik
1. くれます
2. Vて-Form { あげます / もらいます / くれます }
3. N (Person) が V
4. Fragewort が V

LEKTION 25 · 156

I. Vokabular
II. Übersetzungen
    Satzstrukturen & Beispielsätze
    Dialog
        Vielen Dank für alles, was Sie für mich getan haben
III. Zusatzvokabular & Informationen
    DAS LEBEN

IV. Grammatik
1. einfache Vergangenheitsform ら、～
2. Vた-Form ら、～
3. Vて-Form
   い-Adj (～い)→～くて
   な-Adj [な] →～で } も、～
   Nで
4. もし und いくら
5. Nが

ZUSAMMENFASSUNG · 163

I. Partikel
II. Anwendung der Formen
III. Adverbien und adverbiale Ausdrücke
IV. Verschiedene Konjunktionen und konjunktionale Ausdrücke

ANHANG · 172

I. Zahlen
II. Zeit
III. Zeitraum
IV. Zähleinheitssuffixe
V. Flexion der Verben

EINFÜHRUNG

I. Grundzüge der japanischen Sprache

1. Wortarten
Die japanische Sprache besteht aus Verben, Adjektiven, Nomina, Adverbien, Konjunktionen und Partikeln.

2. Wortstellung
Das Prädikat steht immer am Ende des Satzes. Das Bestimmungselement steht immer vor dem Bezugselement.

3. Prädikate
Nomina, Verben und Adjektive bilden das Prädikat im Japanischen. Durch das Prädikat werden (1) positive oder negative Aussagen und (2) Tempus angegeben.

Man unterscheidet zwei Arten von Adjektiven, い-Adjektive und な-Adjektive, deren Flexionsart verschieden sind.

Im Japanischen gibt es keine Flexion nach Person, Geschlecht oder Zahl.

4. Partikel
Partikel zeigen die grammatikalische Beziehung zwischen Wörtern sowie die Absicht des Sprechers an oder verbinden Sätze.

5. Auslassungen
Im Japanischen werden oft Satzglieder bzw. -teile (selbst Subjekte oder Objekte) ausgelassen, wenn sie aus dem Kontext her bekannt sind.

II. Japanische Schrift

Im Japanischen gibt es drei Arten von Schriftzeichen: *Hiragana*, *Katakana* und *Kanji* (sinojapanische Schriftzeichen). *Hiragana* und *Katakana* sind Lautschriften und repräsentieren Laute, wobei jedes Zeichen im Prinzip einer Mora (eine phonologische Einheit der japanischen Sprache, siehe III) entspricht. *Kanji* sind Bedeutungsschriften und repräsentieren sowohl Laute als auch Bedeutungen.

In einem japanischen Text werden *Kanji* und *Kana* (*Hiragana* und *Katakana*) verwendet. Ausländische Ortsnamen sowie Personennamen und Lehnwörter werden mit *Katakana* geschrieben. Als *Kanji* für den täglichen Gebrauch sind 1.945 *Kanji* festgelegt. *Hiragana* werden für Partikeln und die flektierten Endungen von Verben und Adjekiven verwendet. Darüber hinaus werden ab und zu auch *Rômaji* (lateinische Schrift) als Lesehilfe für Ausländer verwendet, vor allem auf Bahnhöfen und für Schilder. Nachfolgend einige Beispiele für die gemeinsame Verwendung von 4 Schriftzeichen.

田中　さん　は　ミラー　さん　と　デパート　へ　行　きます。
○　　□　　□　△　　□　　□　△　　　□　○　□

Herr/Frau Tanaka geht mit Herrn Miller ins Kaufhaus.

大阪　　Ôsaka
○　　　☆

(○ – *Kanji*　□ – *Hiragana*　△ – *Katakana*　☆ – *Rômaji*)

III. Aussprache
1. Kana und Mora

	あ-Spalte	い-Spalte	う-Spalte	え-Spalte	お-Spalte
あ-Zeile	あ ア a	い イ i	う ウ u	え エ e	お オ o
か-Zeile k	か カ ka	き キ ki	く ク ku	け ケ ke	こ コ ko
さ-Zeile s	さ サ sa	し シ shi	す ス su	せ セ se	そ ソ so
た-Zeile t	た タ ta	ち チ chi	つ ツ tsu	て テ te	と ト to
な-Zeile n	な ナ na	に ニ ni	ぬ ヌ nu	ね ネ ne	の ノ no
は-Zeile h	は ハ ha	ひ ヒ hi	ふ フ fu	へ ヘ he	ほ ホ ho
ま-Zeile m	ま マ ma	み ミ mi	む ム mu	め メ me	も モ mo
や-Zeile y	や ヤ ya	(い イ) (i)	ゆ ユ yu	(え エ) (e)	よ ヨ yo
ら-Zeile r	ら ラ ra	り リ ri	る ル ru	れ レ re	ろ ロ ro
わ-Zeile w	わ ワ wa	(い イ) (i)	(う ウ) (u)	(え エ) (e)	を ヲ o
	ん ン n				

Beispiel — Hiragana / Katakana / Rômaji
あ ア — a

きゃ キャ kya	きゅ キュ kyu	きょ キョ kyo
しゃ シャ sha	しゅ シュ shu	しょ ショ sho
ちゃ チャ cha	ちゅ チュ chu	ちょ チョ cho
にゃ ニャ nya	にゅ ニュ nyu	にょ ニョ nyo
ひゃ ヒャ hya	ひゅ ヒュ hyu	ひょ ヒョ hyo
みゃ ミャ mya	みゅ ミュ myu	みょ ミョ myo

りゃ リャ rya	りゅ リュ ryu	りょ リョ ryo

が-Zeile g	が ガ ga	ぎ ギ gi	ぐ グ gu	げ ゲ ge	ご ゴ go
ざ-Zeile z	ざ ザ za	じ ジ ji	ず ズ zu	ぜ ゼ ze	ぞ ゾ zo
だ-Zeile d	だ ダ da	ぢ ヂ ji	づ ヅ zu	で デ de	ど ド do
ば-Zeile b	ば バ ba	び ビ bi	ぶ ブ bu	べ ベ be	ぼ ボ bo
ぱ-Zeile p	ぱ パ pa	ぴ ピ pi	ぷ プ pu	ぺ ペ pe	ぽ ポ po

ぎゃ ギャ gya	ぎゅ ギュ gyu	ぎょ ギョ gyo
じゃ ジャ ja	じゅ ジュ ju	じょ ジョ jo
びゃ ビャ bya	びゅ ビュ byu	びょ ビョ byo
ぴゃ ピャ pya	ぴゅ ピュ pyu	ぴょ ピョ pyo

Die *Katakana* im Kasten rechts stellen die Laute dar, die nicht in der obigen Tabelle inbegriffen sind. Sie werden benötigt, um einige Lehnwörter zu schreiben, deren Laute nicht im herkömmlichen Japanisch existieren.

	ウィ wi		ウェ we	ウォ wo
			シェ she	
			チェ che	
ツァ tsa			ツェ tse	ツォ tso
	ティ ti	トゥ tu		
ファ fa	フィ fi		フェ fe	フォ fo
			ジェ je	
	ディ di	ドゥ du		
		デュ dyu		

Die japanische Sprache besteht aus Lauten, die einen der fünf Vokale あ (a), い (i), う (u), え (e), お (o) enthalten (s. Tabelle oben). Diese fünf Vokale bilden entweder alleine oder in Kombination mit einem Konsonanten (z.B. k + a =か) bzw. mit einem Konsonanten und dem Semivokal „y" (z.B. k + y + a =きゃ) einen Laut. Als Ausnahme zählt die Sondermora ん (n), die ohne Vokal einem Laut entspricht.

Alle Laute werden fast in gleicher Länge ausgesprochen.

[Anm. 1] Eine Mora ist eine phonologische Einheit der japanischen Sprache.
[Anm. 2] Um Japanisch entsprechend der Aussprache zu schreiben, werden Kana verwendet (s. auch „Kana und Mora").

Ein Laut wird grundsätzlich entweder mit einem *Kana* bzw. einem *Kana* in Kombination mit einem kleingeschriebenen *Kana* (z.B. きゃ) dargestellt.

2. Lange Vokale

Lange Vokale werden doppelt so lang ausgeprochen wie die normalen Vokale あ, い, う, え und お. Wenn man die Länge des Vokals あ als eine Einheit zählt, dann zählt ああ zwei Einheiten. あ ist also eine Mora lang, wohingegen ああ, obwohl in einem Atem ausgesprochen wird, zwei Moren lang ist.

Je nachdem, ob ein Vokal kurz oder lang ist, ergibt sich eine andere Bedeutung.

z.B. おばさん (Tante)   : おばあさん (Großmutter)
　　 おじさん (Onkel)   : おじいさん (Großvater)
　　 ゆき (Schnee)   : ゆうき (Mut)
　　 え (Bild)   : ええ (ja)
　　 とる (nehmen)   : とおる (vorbeigehen, vorbeifahren)
　　 ここ (hier)   : こうこう (Oberschule)
　　 へや (Zimmer)   : へいや (Flachland)
　　 カード (Karte)   タクシー (Taxi)   スーパー (Supermarkt)
　　 テープ (Kassette)   ノート (Heft)

[Anmerkung]
1) Schreibweise von langen Vokalen mit *Hiragana*
　(1) Lange Vokale der あ-Spalte
　　　An die *Hiragana*, die zur あ-Spalte gehören, wird ein あ angefügt.
　(2) Lange Vokale der い-Spalte
　　　An die *Hiragana*, die zur い-Spalte gehören, wird ein い angefügt.
　(3) Lange Vokale der う-Spalte
　　　An die *Hiragana*, die zur う-Spalte gehören, wird ein う angefügt.
　(4) Lange Vokale der え-Spalte
　　　An die *Hiragana*, die zur え-Spalte gehören, wird ein い angefügt.
　　　(Ausnahmen: ええ ja, ねえ sag mal, おねえさん ältere Schwester)
　(5) Lange Vokale der お-Spalte
　　　An die *Hiragana*, die zur お-Spalte gehören, wird ein う angefügt.
　　　(Ausnahmen: おおきい groß, おおい viel, とおい weit, u.a.)

2) Schreibweise von langen Vokalen mit *Katakana*
Bei Wörtern in Katakana-schreibweise werden lange Vokale in allen Fällen mit „ー"
angezeigt.

3. Aussprache von ん

ん steht niemals am Anfang eines Wortes. Es stellt eine Mora dar.
Je nachdem welcher Laut folgt, passt sich die Aussprache der leicht aussprechbaren Laute [n] [m] und [ŋ] an.
1) Vor Lauten der た-, だ-, ら- und な-Zeile wird es wie [n] ausgesprochen.
z.B. はんたい (Gegenteil)　うんどう (Sport)　せんろ (Gleise)　みんな (alle)
2) Vor Lauten der ば-, ぱ- und ま-Zeile wird es wie [m] ausgesprochen.
z.B. しんぶん (Zeitung)　えんぴつ (Bleistift)　うんめい (Schicksal)
3) Vor Lauten der か- und が-Zeile wird es wie [ŋ] ausgesprochen.
z.B. てんき (Wetter)　けんがく (Besichtigung)

4. Aussprache von っ

っ bildet alleine eine Mora, steht vor Lauten, die zur か-, さ-, た- oder ぱ-Zeile gehören. In Lehnwörtern steht es auch vor Lauten der ザ- und ダ-Zeile.
z.B. ぶか (Untergeordneter)　:ぶっか (Preis)
　　 かさい (Feuer)　　　　　:かっさい (Applaus)
　　 おと (Ton)　　　　　　　:おっと (Ehemann)
　　 にっき (Tagebuch)　　ざっし (Zeitschrift)　　きって (Briefmarke)
　　 いっぱい (voll)　　　　コップ (Glas)　　　　　ベッド (Bett)

5. Aussprache von や, ゆ, よ

き, ぎ, し, じ, ち, に, ひ, び, ぴ, み oder り können mit kleinem や, ゆ oder よ kombiniert werden und bilden mit 2 Schriftzeichen eine Mora.
z.B. ひやく (Schwung)　　　:ひゃく (einhundert)
　　 じゆう (Freiheit)　　　　:じゅう (zehn)
　　 びよういん (Kosmetiksalon)　:びょういん (Krankenhaus)
　　 シャツ (Hemd)　　おちゃ (Tee)　　　　ぎゅうにゅう (Milch)
　　 きょう (heute)　　ぶちょう (Abteilungsleiter)　りょこう (Reise)

6. Aussprache der が-Zeile

Der Konsonant dieser Zeile wird, wenn er am Anfang eines Wortes steht, wie [g] ausgesprochen, ansonsten wie [ŋ]. In letzter Zeit machen allerdings einige Japaner keinen Unterschied mehr zwischen [g] und [ŋ] und sprechen alles wie [g] aus.

7. Auslassung der Vokale [i] und [u]

Die Vokale [i] und [u] bleiben lautlos, wenn sie zwischen stimmlosen Konsonanten stehen. Endet der Satz mit ～です oder ～ます, bleibt der Vokal [u] von す [su] am Ende auch stimmlos.

z.B. すき (mögen)   したいです (tun wollen)   ききます (hören)

8. Akzente

Die japanische Sprache ist eine Sprache mit Tonhöhenakzent, d.h. es gibt in einem Wort hochtonige und tieftonige Moren. Zwei große Akzenttypen werden danach unterschieden, ob eine Senkung von der hochtonigen auf eine tieftonige Mora stattfindet oder nicht. Der Typ mit Senkung wird noch einmal in drei Untergruppen eingeteilt, je nachdem, an welcher Mora der Ton gesenkt wird.

Der Standardakzent ist dadurch charakterisiert, dass die erste und die zweite Mora nie die gleiche Tonhöhe haben und dass der Ton nicht mehr angehoben wird, wenn er einmal gesenkt wurde.

[Akzenttypen]
1) Keine Senkung.
z.B. にわ (Garten)   はな (Nase)   なまえ (Name)   にほんご (Japanisch)
2) Senkung am Wortanfang
z.B. ほん (Buch)   てんき (Wetter)   らいげつ (nächster Monat)
3) Senkung in der Wortmitte
z.B. たまご (Ei)   ひこうき (Flugzeug)   せんせい (Lehrer)
4) Senkung am Wortende
z.B. くつ (Schuhe)   はな (Blume)   やすみ (Ferien)   おとうと (jüngerer Bruder)

„はな" (Nase) aus 1) und „はな" (Blume) aus 4) sind ähnlich, haben aber einen unterschiedlichen Akzenttyp. Steht danach eine Partikel が, wird 1) はなが ausgesprochen und 4) はなが. Hier noch einige Beispiele für Wörter, deren Bedeutung sich je nach Akzenttyp ändert.

z.B. はし (Brücke) : はし (Essstäbchen)   いち (eins) : いち (Ort)

Außerdem gibt es lokale Unterschiede im Akzent. So ist z.B. der Akzent im Raum Ôsaka sehr verschieden von dem Standardakzent. Hier einige Beispiele.

z.B. Tôkyô-Akzent   :   Ôsaka-Akzent
    (Standardakzent)
    はな   :   はな   (Blume)
    りんご :   りんご   (Apfel)
    おんがく :   おんがく   (Musik)

9 . Intonation

Es gibt drei Intonationstypen: 1) flach, 2) steigend und 3) fallend. Fragen haben eine steigende Intonation. Alle anderen Sätze werden vorwiegend mit flacher Intonation gesprochen, manchmal allerdings auch mit fallender. Eine fallende Intonation kann Gefühle wie Zustimmung, Enttäuschung, etc. ausdrücken.

z.B. 佐藤　　：あした 友達と お花見を します。【→ flach】

　　　　　　　ミラーさんも いっしょに 行きませんか。【↗ steigend】

　　　ミラー　：ああ、いいですねえ。【↘ fallend】

　　　Satô　　：Ich gehe morgen zusammen mit Freunden Kirschblüten ansehen.

　　　　　　　　Wollen Sie nicht mit uns hingehen, Herr Miller?

　　　Miller　：Oh, das hört sich gut an.

VORBEREITUNGSLEKTION

I. Aussprache

1. Kana und Mora

2. Lange Vokale
   - おばさん (Tante) : おば<u>あ</u>さん (Großmutter)
   - おじさん (Onkel) : おじ<u>い</u>さん (Großvater)
   - ゆき (Schnee) : ゆ<u>う</u>き (Mut)
   - え (Bild) : え<u>え</u> (ja)
   - とる (nehmen) : と<u>お</u>る (vorbeigehen, vorbeifahren)
   - ここ (hier) : こ<u>う</u>こ<u>う</u> (Oberschule)
   - へや (Zimmer) : へ<u>い</u>や (Flachland)
   - カ<u>ー</u>ド (Karte) タクシ<u>ー</u> (Taxi) ス<u>ー</u>パ<u>ー</u> (Supermarkt)
   - テ<u>ー</u>プ (Kassette) ノ<u>ー</u>ト (Heft)

3. Aussprache von ん
   - え<u>ん</u>ぴつ (Bleistift) み<u>ん</u>な (alle) て<u>ん</u>き (Wetter) き<u>ん</u>えん (Rauchverbot)

4. Aussprache von っ
   - ぶか (Untergeordneter) : ぶ<u>っ</u>か (Preis)
   - かさい (Feuer) : か<u>っ</u>さい (Applaus)
   - おと (Ton) : お<u>っ</u>と (Ehemann)
   - に<u>っ</u>き (Tagebuch) ざ<u>っ</u>し (Zeitschrift) き<u>っ</u>て (Briefmarke)
   - い<u>っ</u>ぱい (voll) コ<u>ッ</u>プ (Glas) ベ<u>ッ</u>ド (Bett)

5. Aussprache von や, ゆ, よ
   - ひやく (Schwung) : ひ<u>ゃ</u>く (einhundert)
   - じゆう (Freiheit) : じ<u>ゅ</u>う (zehn)
   - びようい ん (Kosmetiksalon) : び<u>ょ</u>ういん (Krankenhaus)
   - <u>シャ</u>ツ (Hemd) お<u>ちゃ</u> (Tee) ぎ<u>ゅ</u>うに<u>ゅ</u>う (Milch)
   - き<u>ょ</u>う (heute) ぶ<u>ちょ</u>う (Abteilungsleiter) <u>りょ</u>こう (Reise)

6. Akzente
   - に<u>わ</u> (Garten) な<u>ま</u>え (Name) に<u>ほんご</u> (Japanisch)
   - <u>ほ</u>ん (Buch) <u>て</u>んき (Wetter) ら<u>いげつ</u> (nächster Monat)
   - た<u>ま</u>ご (Ei) ひ<u>こう</u>き (Flugzeug) せ<u>んせい</u> (Lehrer/-in)
   - <u>く</u>つ (Schuhe) や<u>す</u>み (Ferien) お<u>とうと</u> (jüngerer Bruder)
   - <u>は</u>し (Brücke) : は<u>し</u> (Essstäbchen) い<u>ち</u> (eins) : <u>い</u>ち (Ort)

	Tôkyô-Akzent	:	Ôsaka-Akzent	
	<u>は</u>な	:	<u>はな</u>	(Blume)
	<u>り</u>んご	:	<u>りん</u>ご	(Apfel)
	<u>お</u>んがく	:	<u>おんが</u>く	(Musik)

7. Intonation

   z.B. 佐藤　　：あした 友達と お花見を します。【→】

              ミラーさんも いっしょに 行きませんか。【↗】

      ミラー　：ああ、いいですねえ。【↘】

      Satô   : Ich gehe morgen zusammen mit Freunden Kirschblüten ansehen.
                  Wollen Sie nicht mit uns hingehen, Herr Miller?

      Miller : Oh, das hört sich gut an.

II. Unterrichtsanweisungen

1. Fangen wir an!
2. Das war's für heute!
3. Machen wir eine Pause!
4. Verstehen Sie das? (Ja, ich verstehe./ Nein, ich verstehe nicht.)
5. Bitte noch einmal.
6. Gut!
7. Das ist nicht richtig!/ Das ist falsch!
8. Name
9. Test, Hausaufgabe
10. Frage, Antwort, Beispiel

III. Ausdrücke und Grußformeln aus dem täglichen Leben

1. Guten Morgen!
2. Guten Tag!
3. Guten Abend!
4. Gute Nacht!
5. Auf Wiedersehen!
6. Vielen Dank!
7. Entschuldigung!
8. Bitte.

IV. Zahlen

0   null
1   eins
2   zwei
3   drei
4   vier
5   fünf
6   sechs
7   sieben
8   acht
9   neun
10 zehn

AUSDRÜCKE FÜR DIE ANWEISUNGEN

第－課	Lektion －	フォーム	Form
文型	Satzstruktur	～形	～Form
例文	Beispielsatz	修飾	(nähere) Bestimmung
会話	Dialog	例外	Ausnahme
練習	Übung		
問題	Aufgabe	名詞	Nomen
答え	Antwort	動詞	Verb
読み物	Lesetext	形容詞	Adjektiv
復習	Wiederholung	い形容詞	い-Adjektiv
		な形容詞	な-Adjektiv
目次	Inhaltsverzeichnis	助詞	Partikel
		副詞	Adverb
索引	Index	接続詞	Konjunktion
		数詞	Zahlwort
文法	Grammatik	助数詞	Zähleinheitssuffix
文	Satz	疑問詞	Fragewort
単語（語）	Wort	名詞文	Satz mit Prädikatsnomen
句	Phrase	動詞文	Satz mit verbalem Prädikat
節	Satzglied	形容詞文	Satz mit Prädikatsadjektiv
発音	Aussprache	主語	Subjekt
母音	Vokal	述語	Prädikat
子音	Konsonant	目的語	Objekt
拍	Mora	主題	Thema
アクセント	Akzent		
イントネーション	Intonation	肯定	Bejahung
		否定	Verneinung
[か]行	[か-]Zeile	完了	Perfekt
[い]列	[い-]Spalte	未完了	Imperfekt
		過去	Vergangenheit
丁寧体	höflicher Stil	非過去	Nichtvergangenheit
普通体	einfacher Stil		
活用	Flexion		

ABKÜRZUNGEN

N　　　　Nomen（名詞）
　　　　　　　　z.B.　　がくせい　　　　つくえ
　　　　　　　　　　　　Student(in)　　　Tisch

い-Adj　い-Adjektiv（い形容詞）
　　　　　　　　z.B.　　おいしい　　　　たかい
　　　　　　　　　　　　lecker　　　　　hoch

な-Adj　な-Adjektiv（な形容詞）
　　　　　　　　z.B.　　きれい［な］　　しずか［な］
　　　　　　　　　　　　schön　　　　　ruhig

V　　　　Verb（動詞）
　　　　　　　　z.B.　　かきます　　　　たべます
　　　　　　　　　　　　schreiben　　　essen

S　　　　Satz（文）
　　　　　　　　z.B. これは 本です。
　　　　　　　　　　Das ist ein Buch.
　　　　　　　　　　わたしは あした 東京へ 行きます。
　　　　　　　　　　Ich fahre morgen nach Tôkyô.

Lektion 1

I. Vokabular

わたし		ich
わたしたち		wir
あなた		Sie
あの ひと	あの 人	er, sie, die Person dort drüben
（あの かた）	（あの 方）	(あの かた ist die höfliche Entsprechung von あの ひと)
みなさん	皆さん	alle, meine Damen und Herren (als Anrede)
～さん		Herr, Frau (respektvolle Anrede, kann sowohl mit dem Familiennamen als auch mit dem Vornamen verwendet werden)
～ちゃん		(Suffix, das für Vornamen von Kindern an Stelle von ～さん verwendet wird)
～くん	～君	(Suffix, das oft für Jungennamen verwendet wird)
～じん	～人	(Suffix, das die Nationalität ausdrückt, z.B. アメリカじん Amerikaner(in))
せんせい	先生	Lehrer(in), Dozent(in) (wird nicht für den eigenen Beruf verwendet)
きょうし	教師	Lehrer(in), Dozent(in) (wird für die eigene Berufsbezeichnung verwendet)
がくせい	学生	Student(in)
かいしゃいん	会社員	Angestellte(r)
しゃいん	社員	Angestellte(r) einer Firma (wird im Zusammenhang mit dem Firmennamen verwendet, z.B. ＩＭＣの しゃいん Angestellte(r) von IMC)
ぎんこういん	銀行員	Bankangestellte(r)
いしゃ	医者	Arzt, Ärztin
けんきゅうしゃ	研究者	Forscher(in)
エンジニア		Ingenieur(in)
だいがく	大学	Universität
びょういん	病院	Krankenhaus
でんき	電気	Elektrizität, Licht
だれ（どなた）		wer (どなた ist die höfliche Entsprechung von だれ)

－さい	－歳	－ Jahre alt
なんさい（おいくつ）	何歳	wie alt (おいくつ ist die höfliche Entsprechung von なんさい)
はい		ja
いいえ		nein
しつれいですが	失礼ですが	Entschuldigen Sie bitte, aber … (wird verwendet, wenn man eine persönliche Frage stellt, z.B. wenn man nach dem Namen, der Adresse, etc. des Gesprächspartners fragt)
おなまえは？	お名前は？	Wie heißen Sie bitte? (wörtl. Wie ist Ihr Name, bitte?)
はじめまして。	初めまして。	Darf ich mich vorstellen? (wörtl. Ich sehe Sie zum ersten Mal. Begrüßungsformel, wenn man sich beim ersten Treffen vorstellt)
どうぞ よろしく［おねがいします］。	どうぞ よろしく［お願いします］。	Es freut mich, Sie kennen zu lernen! (wörtl. Seien Sie bitte freundlich zu mir. Wird am Ende der Vorstellung verwendet.)
こちらは ～さんです。		Das hier ist Herr/Frau ～.
～から きました。	～から 来ました。	Ich komme aus ～.

～～～～～～～～～～～～～～～～～～～～～～～

アメリカ	USA
イギリス	Großbritannien
インド	Indien
インドネシア	Indonesien
韓国（かんこく）	Südkorea
タイ	Thailand
中国（ちゅうごく）	China
ドイツ	Deutschland
日本（にほん）	Japan
フランス	Frankreich
ブラジル	Brasilien
さくら大学（だいがく）／富士大学（ふじだいがく）	fiktive Universitäten
ＩＭＣ／パワー電気（でんき）／ブラジルエアー	fiktive Firmen
ＡＫＣ	fiktives Forschungsinstitut
神戸病院（こうべびょういん）	fiktives Krankenhaus

II. Übersetzungen

Satzstrukturen

1. Ich heiße Mike Miller. (wörtl. Ich bin Mike Miller.)
2. Herr Santos ist kein Student.
3. Ist Herr Miller ein Firmenangestellter?
4. Herr Santos ist auch ein Firmenangestellter.

Beispielsätze

1. Sind Sie Herr (Mike) Miller?
   ···Ja, ich bin Mike Miller.
2. Sind Sie Student(, Herr Miller)?
   ···Nein, ich bin kein Student.
   Ich bin Angestellter.
3. Ist Herr Wang Ingenieur?
   ···Nein, Herr Wang ist kein Ingenieur.
   Er ist Arzt.
4. Wer ist die Person dort drüben?
   ···Das ist Herr Watt. Er ist Dozent an der Sakura Universität.
5. Wie alt ist Teresa?
   ···Sie ist 9 Jahre alt.

Dialog

Darf ich mich vorstellen?

Satô: Guten Morgen!
Yamada: Guten Morgen!
Frau Satô, das hier ist Herr Mike Miller.
Miller: Darf ich mich vorstellen? Ich heiße Mike Miller.
Ich komme aus den USA.
Es freut mich, Sie kennen zu lernen.
Satô: Ich heiße Keiko Satô.
Es freut mich, Sie kennen zu lernen.

III. Zusatzvokabular & Informationen

国(くに)・人(ひと)・ことば　　LÄNDER, MENSCHEN & SPRACHEN

国(くに)　Land	人(ひと)　Menschen	ことば　Sprache
アメリカ (USA)	アメリカ人(じん)	英語(えいご) (Englisch)
イギリス (Großbritannien)	イギリス人(じん)	英語(えいご) (Englisch)
イタリア (Italien)	イタリア人(じん)	イタリア語(ご) (Italienisch)
イラン (Iran)	イラン人(じん)	ペルシア語(ご) (Persisch)
インド (Indien)	インド人(じん)	ヒンディー語(ご) (Hindi)
インドネシア (Indonesien)	インドネシア人(じん)	インドネシア語(ご) (Indonesisch)
エジプト (Ägypten)	エジプト人(じん)	アラビア語(ご) (Arabisch)
オーストラリア (Australien)	オーストラリア人(じん)	英語(えいご) (Englisch)
カナダ (Kanada)	カナダ人(じん)	英語(えいご) (Englisch) フランス語(ご) (Französisch)
韓国(かんこく) (Südkorea)	韓国人(かんこくじん)	韓国語(かんこくご) (Koreanisch)
サウジアラビア (Saudi Arabien)	サウジアラビア人(じん)	アラビア語(ご) (Arabisch)
シンガポール (Singapur)	シンガポール人(じん)	英語(えいご) (Englisch)
スペイン (Spanien)	スペイン人(じん)	スペイン語(ご) (Spanisch)
タイ (Thailand)	タイ人(じん)	タイ語(ご) (Thai)
中国(ちゅうごく) (China)	中国人(ちゅうごくじん)	中国語(ちゅうごくご) (Chinesisch)
ドイツ (Deutschland)	ドイツ人(じん)	ドイツ語(ご) (Deutsch)
日本(にほん) (Japan)	日本人(にほんじん)	日本語(にほんご) (Japanisch)
フランス (Frankreich)	フランス人(じん)	フランス語(ご) (Französisch)
フィリピン (die Philippinen)	フィリピン人(じん)	フィリピノ語(ご) (Philippinisch)
ブラジル (Brasilien)	ブラジル人(じん)	ポルトガル語(ご) (Portugiesisch)
ベトナム (Vietnam)	ベトナム人(じん)	ベトナム語(ご) (Vietnamesisch)
マレーシア (Malaysia)	マレーシア人(じん)	マレーシア語(ご) (Malaysisch)
メキシコ (Mexiko)	メキシコ人(じん)	スペイン語(ご) (Spanisch)
ロシア (Russland)	ロシア人(じん)	ロシア語(ご) (Russisch)

IV. Grammatik

1. N_1 は N_2 です

1) Partikel は

Durch die Partikel は wird das davorstehende Nomen zum Thema des Satzes definiert. Man kann auf die Weise einen Satz bilden, in dem man an das Thema, worüber man sprechen möchte, ein は anfügt und verschiedene Erklärungen dazu abgibt.

① わたしは マイク・ミラーです。
　　Ich heiße Mike Miller. (wörtl. Ich bin Mike Miller.)

[Anm.] Die Partikel は wird wie わ ausgesprochen.

2) です

Nomina in Verbindung mit です werden zu Prädikaten.
です zeigt eine Beurteilung oder Behauptung an.
です zeigt, dass der Sprecher sich dem Gesprächspartner gegenüber höflich ausdrückt.
です flektiert bei Verneinung (s. 2.) und Vergangenheit (s. L. 12).

② わたしは エンジニアです。　　　　Ich bin Ingenieur(in).

2. N_1 は N_2 じゃ ありません

じゃ ありません ist die negative Form von です und ist umgangssprachlich. In formellen Situationen und in der Schriftsprache wird では ありません verwendet.

③ サントスさんは 学生じゃ ありません。　Herr Santos ist kein Student.
　　　　　　　　　（では）

[Anm.] は in では wird wie わ ausgesprochen.

3. S か

1) Partikel か

Die Partikel か wird verwendet, um Zweifel, Fragen, Unsicherheit u.Ä. des Sprechers auszudrücken. Um einen Fragesatz zu bilden, wird か an das Satzende angeschlossen. Fragesätze haben normalerweise am Satzende eine steigende Intonation.

2) Ja-Nein-Frage (Entscheidungsfrage)

Der Fragesatz wird durch die Anfügung von か am Ende des Aussagesatzes gebildet, wobei die Wortstellung im Satz unverändert bleibt. Mit diesem Fragesatz fragt man, ob der Inhalt der Aussage richtig oder falsch ist. Die Antwort zu solchen Fragen beginnt mit はい, wenn der Inhalt der Aussage richtig ist, oder mit いいえ, wenn er falsch ist.

④ ミラーさんは アメリカ人ですか。　　Ist Herr Miller Amerikaner?
　…はい、アメリカ人です。　　　　　…Ja, er ist Amerikaner.
⑤ ミラーさんは 先生ですか。　　　　Ist Herr Miller Lehrer?
　…いいえ、先生じゃ ありません。　…Nein, er ist kein Lehrer.

3) W-Frage (Ergänzungsfrage)

Der Teil des Satzes, nach dem man fragen möchte, wird durch ein Fragewort ersetzt, wobei die Wortstellung unverändert bleibt. Am Ende des Satzes wird ein か angefügt.

⑥ あの 方は どなたですか。　　　　Wer ist die Person dort drüben?
　…[あの 方は] ミラーさんです。　…Das ist Herr Miller.

4. N も

Die Partikel も wird nach dem Nomen, das Satzthema wird, an die Stelle von は gesetzt, wenn die Aussage über das Thema die gleiche ist, wie im vorhergehenden Satz.

⑦ ミラーさんは 会社員です。　　　Herr Miller ist ein Firmenangestellter.
　グプタさんも 会社員です。　　　Herr Gupta ist auch Firmenangestellter.

5. N₁ の N₂

Die Partikel の verbindet zwei Nomina, wobei N_2 durch N_1 näher bestimmt wird. In L. 1 ist N_1 eine Firma oder Organisation, der N_2 angehört.

⑧ ミラーさんは IMCの 社員です。　　Herr Miller ist Angestellter bei IMC.

6. ～さん

さん wird an den Namen (sowohl den Nachnamen als auch Vornamen) des Gesprächspartners oder einer dritten Person angeschlossen, um so den Respekt für diese Person auszudrücken. Deshalb wird es nie für den eigenen Namen verwendet.

⑨ あの 方は ミラーさんです。　　Die Person dort drüben ist Herr Miller.

Bei der Anrede des Gesprächspartners wird normalerweise an Stelle von あなた (Sie) der Nachname des Partners plus さん verwendet, wenn man dessen Namen bereits kennt.

⑩ 鈴木：　ミラーさんは 学生ですか。
　ミラー：いいえ、会社員です。
　Suzuki:　Sind Sie Student(, Herr Miller)?
　Miller:　Nein, ich bin Firmenangestellter.

Lektion 2

I. Vokabular

これ		diese/r/s (Gegenstände hier, beim Sprecher)
それ		diese/r/s (Gegenstände da, beim Gesprächspartner)
あれ		jene/r/s (Gegenstände dort drüben, sowohl vom Sprecher als auch vom Gesprächspartner entfernt)
この〜		diese/r/s 〜 hier
その〜		diese/r/s 〜 da
あの〜		jene/r/s 〜 dort drüben
ほん	本	Buch
じしょ	辞書	Wörterbuch
ざっし	雑誌	Zeitschrift
しんぶん	新聞	Zeitung
ノート		Heft
てちょう	手帳	Notizbuch
めいし	名刺	Visitenkarte
カード		Karte
テレホンカード		Telefonkarte
えんぴつ	鉛筆	Bleistift
ボールペン		Kugelschreiber
シャープペンシル		Drehbleistift, Druckbleistift
かぎ		Schlüssel
とけい	時計	Uhr
かさ	傘	Schirm
かばん		Tasche
[カセット]テープ		Kassette
テープレコーダー		Kassettenrekorder
テレビ		Fernseher
ラジオ		Radio
カメラ		Kamera
コンピューター		Computer
じどうしゃ	自動車	Auto

つくえ	机	Schreibtisch
いす		Stuhl
チョコレート		Schokolade
コーヒー		Kaffee
えいご	英語	Englisch
にほんご	日本語	Japanisch
〜ご	〜語	〜 Sprache
なん	何	was
そう		so
ちがいます。	違います。	Nein, ist es nicht.
そうですか。		Ach so. Ich verstehe. (wenn man mit der Aussage des Gesprächspartners übereinstimmt)
あのう		Äh... (zeigt Zögern an, entspricht engl. „well")
ほんの きもちです。	ほんの 気持ちです。	Das ist nur eine kleine Aufmerksamkeit. (wenn man sich den Nachbarn vorstellt und ein kleines Geschenk abgibt)
どうぞ。		Bitte schön! (wenn man et. anbietet)
どうも。		Danke!
［どうも］ありがとう［ございます］。		Vielen Dank!

◁会話▷

これから お世話（せわ）に なります。   Ich hoffe, dass wir weiter in Kontakt bleiben. (wörtl. Ich hoffe auf Ihre Unterstützung von jetzt an. Begrüßungsformel, wenn man sich jm. zum ersten Mal vorstellt, mit dem man auch in Zukunft Kontakt haben wird)

こちらこそ よろしく。   Ganz meinerseits./ Es freut mich auch. (als Antwort auf どうぞ よろしく)

II. Übersetzungen

Satzstruktur

1. Dies hier ist ein Wörterbuch.
2. Dies hier ist ein Buch über Computer.
3. Das da (bei Ihnen) ist mein Regenschirm.
4. Dieser Regenschirm hier gehört mir. (wörtl. ~ ist meiner.)

Beispielsätze

1. Ist das hier eine Telefonkarte?
   ···Ja(, ist es).
2. Ist das da (bei Ihnen) ein Heft?
   ···Nein(, ist es nicht). Das ist ein Notizbuch.
3. Was ist das da (bei Ihnen)?
   ···(Das hier ist) eine Visitenkarte.
4. Ist das (hier) eine „9" oder eine „7"?
   ···Eine „9".
5. Was für eine Zeitschrift ist das da (bei Ihnen)?
   ···Das ist eine Autozeitschrift.
6. Wem gehört die Tasche dort drüben? (wörtl. Wessen Tasche ist das dort drüben?)
   ···Das ist Frau Satôs Tasche.
7. Gehört Ihnen dieser Regenschirm? (wörtl. Ist dieser Regenschirm Ihrer?)
   ···Nein, er gehört mir nicht. (wörtl. Nein, es ist nicht meiner.)
8. Wem gehört dieser Schlüssel? (wörtl. Von wem ist dieser Schlüssel?)
   ···Er gehört mir. (wörtl. Es ist meiner.)

Dialog

Nur eine kleine Aufmerksamkeit

Yamada, Ichirô:	Ja, wer ist da bitte?
Santos:	Santos von Appartment 408.
Santos:	Guten Tag. Ich heiße Santos.
	Ich hoffe, dass wir weiter in Kontakt bleiben.
	Es freut mich, Sie kennen zu lernen.
Yamada:	Ganz meinerseits.
Santos:	Äh..., das ist nur eine kleine Aufmerksamkeit.
Yamada:	Oh, Danke. Was ist es denn?
Santos:	Es ist Kaffee. Bitte schön!
Yamada:	Vielen Dank!

III. Zusatzvokabular & Informationen

名前 (なまえ) FAMILIENNAMEN

Die häufigsten japanischen Familiennamen

1	佐藤 (さとう)	2	鈴木 (すずき)	3	高橋 (たかはし)	4	田中 (たなか)
5	渡辺 (わたなべ)	6	伊藤 (いとう)	7	中村 (なかむら)	8	山本 (やまもと)
9	小林 (こばやし)	10	斎藤 (さいとう)	11	加藤 (かとう)	12	吉田 (よしだ)
13	山田 (やまだ)	14	佐々木 (ささき)	15	松本 (まつもと)	16	山口 (やまぐち)
17	木村 (きむら)	18	井上 (いのうえ)	19	阿部 (あべ)	20	林 (はやし)

Begrüßungen

初めまして。

⇐ Wenn man sich zu Geschäftszwecken vorstellt, werden Visitenkarten ausgetauscht.

ほんの 気持ちです。

Wenn man umzieht, wird es als höflich angesehen, sich den Nachbarn vorzustellen und ein kleines Geschenk wie z.B. Handtücher, Seife oder Süßigkeiten mitzubringen. ⇒

IV. Grammatik

1. これ／それ／あれ

これ, それ und あれ sind Demonstrativpronomina, die grammatikalisch als Nomina verwendet werden. これ bezieht sich auf Gegenstände in der Nähe des Sprechers. それ bezieht sich auf Gegenstände in der Nähe des Gesprächspartners. あれ bezieht sich auf Gegenstände, die sowohl vom Sprecher als auch vom Partner entfernt sind.

① それは 辞書ですか。　　　　　Ist das da (bei Ihnen) ein Wörterbuch?
② これを ください。　　　　　　Ich nehme dieses hier. (wörtl. Geben Sie mir dieses hier, bitte.)(L. 3)

2. この N／その N／あの N

この, その und あの bestimmen Nomina näher. この N bezieht sich auf Dinge oder Personen in der Nähe des Sprechers. その N bezieht sich auf Dinge oder Personen in der Nähe des Gesprächspartners. あの N bezieht sich auf Dinge oder Personen, die sowohl vom Sprecher als auch vom Partner entfernt sind.

③ この 本は わたしのです。　　Dieses Buch ist meins.
④ あの 方は どなたですか。　　Wer ist jene Person dort drüben?

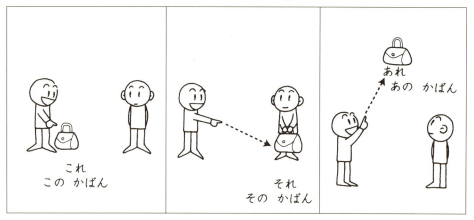

3. そうです／そうじゃ ありません

Bei einem Satz mit Prädikatsnomen wird öfters mit そう auf die Ja-Nein-Frage geantwortet. はい、そうです ist die positive Antwort und いいえ、そうじゃ ありません die negative Antwort.

⑤ それは テレホンカードですか。　　Ist das da (bei Ihnen) eine Telefonkarte?
　…はい、そうです。　　　　　　　　…Ja(, ist es).
⑥ それは テレホンカードですか。　　Ist das da (bei Ihnen) eine Telefonkarte?
　…いいえ、そうじゃ ありません。　…Nein(, ist es nicht).

Das Verb ちがいます (wörtl. anders sein) kann an Stelle von そうじゃ ありません verwendet werden.

⑦ それは テレホンカードですか。　　Ist das da (bei Ihnen) eine Telefonkarte?
　…いいえ、違います。　　　　　　　…Nein(, ist es nicht).

4. S_1 か、S_2 か

Dies ist eine Alternativfrage, die den Gesprächspartner dazu auffordert, zwischen S_1 und S_2 für die Beantwortung zu wählen. Als Antwort wird die Auswahl (S_1 oder S_2) wiedergegeben. Weder はい noch いいえ wird dabei verwendet.

 ⑧ これは「9」ですか、「7」ですか。 Ist das (hier) eine „9" oder eine „7"?
   …「9」です。   …Eine „9".

5. N_1 の N_2

Wie Sie in L. 1 gelernt haben, verbindet die Partikel の zwei Nomina, wobei N_2 durch N_1 näher bestimmt wird. In dieser Lektion hat の folgende Bedeutungen.

1) N_1 beschreibt, wovon N_2 handelt.

 ⑨ これは コンピューターの 本です。 Das hier ist ein Buch über Computer.

2) N_1 beschreibt, wem N_2 gehört.

 ⑩ これは わたしの 本です。   Dieses ist mein Buch.

N_2 kann ausgelassen werden, wenn es aus dem Zusammenhang her bekannt ist. Allerdings kann N_2 nicht weggelassen werden, wenn N_2 Personen bezeichnet.

 ⑪ あれは だれの かばんですか。 Wessen Tasche ist das dort drüben?
   …佐藤さんのです。   …Es ist die von Frau Satô.
 ⑫ この かばんは あなたのですか。 Ist diese Tasche hier Ihre?
   …いいえ、わたしのじゃ ありません。 …Nein, es ist nicht meine.
 ⑬ ミラーさんは IMCの 社員ですか。 Ist Herr Miller Angestellter bei IMC?
   …はい、IMCの 社員です。   …Ja, er ist Angestellter bei IMC.

6. そうですか

Dieser Ausdruck wird verwendet, wenn der Sprecher ausdrückt, dass er die neue Information verstanden hat.

 ⑭ この 傘は あなたのですか。
   …いいえ、違います。シュミットさんのです。
  そうですか。
  Ist dieser Regenschirm hier Ihrer?
   …Nein(, ist es nicht). Es ist der (Regenschirm) von Herrn Schmidt.
  Ach so.

Lektion 3

I. Vokabular

ここ		hier (Umgebung des Sprechers)
そこ		da (Umgebung des Gesprächspartners)
あそこ		dort drüben (von beiden entfernt)
どこ		wo

こちら		hierhin, hier (höfliche Entsprechung von ここ)
そちら		dahin, da (höfliche Entsprechung von そこ)
あちら		dorthin, dort drüben (höfliche Entsprechung von あそこ)
どちら		wohin, wo (höfliche Entsprechung von どこ)

きょうしつ	教室	Unterrichtsraum
しょくどう	食堂	Speisesaal, Kantine
じむしょ	事務所	Büro
かいぎしつ	会議室	Konferenzraum
うけつけ	受付	Anmeldung, Rezeption
ロビー		Lobby
へや	部屋	Zimmer, Raum
トイレ（おてあらい）	（お手洗い）	Toilette, WC
かいだん	階段	Treppe
エレベーター		Fahrstuhl
エスカレーター		Rolltreppe

［お］くに	［お］国	[Ihr] Land
かいしゃ	会社	Firma
うち		Haus

でんわ	電話	Telefon, Anruf
くつ	靴	Schuhe
ネクタイ		Schlips
ワイン		Wein
たばこ		Zigaretten

うりば	売り場	Verkaufsabteilung (in einem Kaufhaus)

ちか	地下	Untergeschoss
－かい（－がい）	－階	－te Etage
なんがい	何階	welche Etage

| －えん | －円 | －Yen |
| いくら | | wie viel (nur für Geld) |

ひゃく	百	Hundert
せん	千	Tausend
まん	万	Zehntausend

◁ 会話 ▷

すみません。	Entschuldigen Sie bitte!/ Entschuldigung! (wenn man jn. anspricht)
〜で ございます。	(höfliche Entsprechung von です)
［〜を］見せて ください。	Zeigen Sie mir bitte [〜]!
じゃ	nun, hm, dann (wenn man die Worte des Gesprächspartners aufnimmt)
［〜を］ください。	Geben Sie mir bitte [〜]! (beim Einkaufen, Bestellen etc.)

～～～～～～～～～～～～～～～～～～～～～～～～～～

新大阪	Name eines Bahnhofs in Ôsaka
イタリア	Italien
スイス	Schweiz
ＭＴ／ヨーネン／アキックス	fiktive Firmen

II. Übersetzungen

Satzstrukturen

1. Hier ist die Kantine.
2. Das Telefon ist dort drüben.

Beispielsätze

1. Ist hier Shin-Ôsaka?
   ···Ja. (wörtl. Ja, ist es.)
2. Wo ist die Toilette?
   ···Dort drüben.
3. Wo ist Herr/Frau Yamada?
   ···Im Büro.
4. Wo ist der Fahrstuhl?
   ···Da/Da entlang.
5. Woher kommen Sie? (wörtl. Wo ist Ihr Land?)
   ···Aus den USA. (wörtl. Die USA.)
6. Woher kommen diese Schuhe? (wörtl. Von wo sind die Schuhe da?)
   ···Das sind italienische Schuhe.
7. Wie viel kostet diese Uhr? (wörtl. Wie viel ist diese Uhr?)
   ···18.600 Yen.

Dialog

Geben Sie mir bitte davon

Maria:	Entschuldigen Sie bitte, wo ist die Weinabteilung?
Verkäuferin A:	Im ersten Untergeschoss.
Maria:	Danke.

Maria:	Entschuldigung, zeigen Sie mir bitte den Wein da.
Verkäuferin B:	Selbstverständlich. Bitte schön!
Maria:	Ist das hier ein französischer Wein?
Verkäuferin B:	Nein, ein italienischer.
Maria:	Wie viel kostet er?
Verkäuferin B:	2.500 Yen.
Maria:	Dann geben Sie mir bitte eine Flasche davon.

III. Zusatzvokabular & Informationen

デパート　　　KAUFHAUS

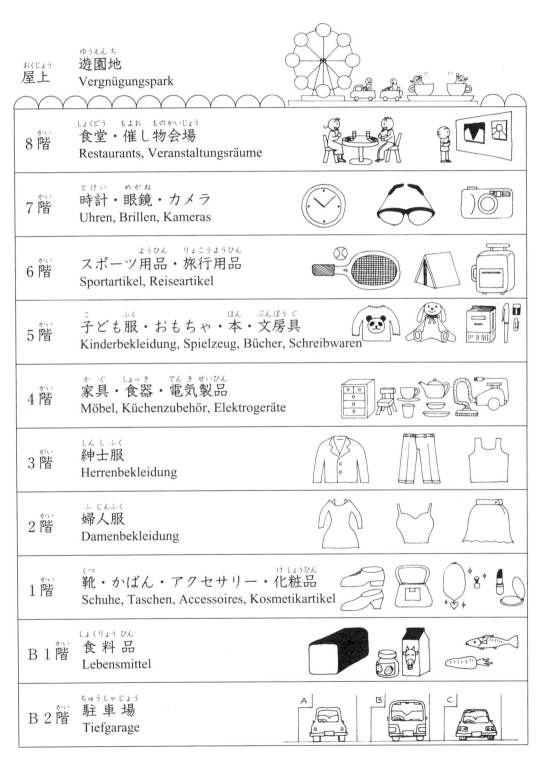

屋上（おくじょう）	遊園地（ゆうえんち）	Vergnügungspark
8階（かい）	食堂・催し物会場（しょくどう・もよおしものかいじょう）	Restaurants, Veranstaltungsräume
7階（かい）	時計・眼鏡・カメラ（とけい・めがね・カメラ）	Uhren, Brillen, Kameras
6階（かい）	スポーツ用品・旅行用品（ようひん・りょこうようひん）	Sportartikel, Reiseartikel
5階（かい）	子ども服・おもちゃ・本・文房具（こどもふく・おもちゃ・ほん・ぶんぼうぐ）	Kinderbekleidung, Spielzeug, Bücher, Schreibwaren
4階（かい）	家具・食器・電気製品（かぐ・しょっき・でんきせいひん）	Möbel, Küchenzubehör, Elektrogeräte
3階（がい）	紳士服（しんしふく）	Herrenbekleidung
2階（かい）	婦人服（ふじんふく）	Damenbekleidung
1階（かい）	靴・かばん・アクセサリー・化粧品（くつ・かばん・アクセサリー・けしょうひん）	Schuhe, Taschen, Accessoires, Kosmetikartikel
B1階（かい）	食料品（しょくりょうひん）	Lebensmittel
B2階（かい）	駐車場（ちゅうしゃじょう）	Tiefgarage

IV. Grammatik

1. ここ／そこ／あそこ／こちら／そちら／あちら

Während die Demonstrativa これ, それ und あれ aus der L. 2 auf Gegenstände hinweisen, sind ここ, そこ und あそこ Demonstrativa für Orte. ここ weist auf Orte in der Umgebung des Sprechers, そこ auf Orte in der Umgebung des Gesprächspartners, und あそこ weist auf Orte hin, die sowohl vom Sprecher als auch vom Gesprächspartner entfernt sind.

Die Demonstrativa こちら, そちら und あちら zeigen Richtungen an. Sie können aber auch statt ここ, そこ und あそこ als Demonstrativa für Orte verwendet werden, wobei sie dann die höfliche Entsprechung derselben darstellen.

[Anm.] Wenn der Sprecher sieht, dass sich der Gesprächspartner auch in seiner Umgebung befindet, wird der Ort, an dem sich beide aufhalten, mit ここ, der Ort, der von beiden etwas entfernt ist, mit そこ, und Orte, die von beiden noch weiter entfernt sind, mit あそこ bezeichnet.

2. N₁は N₂ (Ort)です

Mit dieser Satzstruktur kann man beschreiben, wo sich ein Ort, ein Gegenstand oder eine Person befindet.

① お手洗いは あそこです。　　Die Toilette ist dort drüben.
② 電話は 2階です。　　Das Telefon ist im 2. Stock.
③ 山田さんは 事務所です。　　Herr/Frau Yamada ist im Büro.

3. どこ／どちら

どこ ist ein Fragewort für Orte und どちら für Richtungen. どちら kann auch als Fragewort für Orte verwendet werden. In diesem Fall ist es höflicher als どこ.

④ お手洗いは どこですか。　　Wo ist die Toilette?
　…あそこです。　　…Sie ist dort drüben.
⑤ エレベーターは どちらですか。　　Wo ist der Fahrstuhl?
　…あちらです。　　…In dieser Richtung dort./ Er ist dort drüben.

Um nach Namen einer Organisation oder eines Ortes, wo man hingehört, wie der eines Landes, einer Firma, einer Schule zu fragen, wird das Fragewort どこ oder どちら und nicht なん (was) verwendet. Eine Frage mit どちら ist höflicher als mit どこ.

⑥ 学校は どこですか。
   Welche Schule besuchen Sie? (wörtl. Wo ist Ihre Schule?)

⑦ 会社は どちらですか。
   Für welche Firma arbeiten Sie? (wörtl. Wo ist Ihre Firma?)

4. N₁の N₂

Wenn N₁ der Name eines Landes und N₂ ein Produkt ist, dann bedeutet N₁の „hergestellt in einem Land". Wenn N₁ der Name einer Firma und N₂ ein Produkt ist, dann heißt N₁の „hergestellt von einer Firma". In beiden Fällen wird bei dem Fragesatz das Fragewort どこ verwendet.

⑧ これは どこの コンピューターですか。
   …日本の コンピューターです。
   …IMCの コンピューターです。
   Wo wurde dieser Computer hergestellt?/ Wer hat diesen Computer hergestellt?
   …Er wurde in Japan hergestellt. (wörtl. Er ist der Computer von Japan.)
   …IMC hat ihn hergestellt. (wörtl. Er ist der Computer von IMC.)

5. Das こ／そ／あ／ど-System (Demonstrativa)

	こ-Reihe	そ-Reihe	あ-Reihe	ど-Reihe
Gegenstände	これ	それ	あれ	どれ(L. 8)
Gegenstände Personen	この N	その N	あの N	どの N (L. 16)
Orte	ここ	そこ	あそこ	どこ
Richtungen Orte (höflich)	こちら	そちら	あちら	どちら

6. お国

Das Präfix お wird vor Worte gestellt, die den Gesprächspartner oder einen Dritten betreffen, um dieser Person gegenüber Respekt auszudrücken.

⑨ [お]国は どちらですか。   Woher kommen Sie? (wörtl. Wo ist Ihr Land?)

Lektion 4

I. Vokabular

おきます	起きます	aufstehen
ねます	寝ます	schlafen, ins Bett gehen
はたらきます	働きます	arbeiten
やすみます	休みます	Pause machen, sich ausruhen, Urlaub nehmen
べんきょうします	勉強します	studieren, lernen
おわります	終わります	enden
デパート		Kaufhaus
ぎんこう	銀行	Bank
ゆうびんきょく	郵便局	Postamt
としょかん	図書館	Bibliothek
びじゅつかん	美術館	Kunstmuseum
いま	今	jetzt
－じ	－時	－Uhr
－ふん（－ぷん）	－分	－Minute(n)
はん	半	Hälfte, halb
なんじ	何時	wie spät, wie viel Uhr
なんぷん	何分	welche Minute, wie viel Minuten
ごぜん	午前	Vormittag, vormittags, morgens
ごご	午後	Nachmittag, nachmittags
あさ	朝	Morgen, morgens
ひる	昼	Mittag, mittags
ばん（よる）	晩（夜）	Abend, abends (Nacht, nachts)
おととい		vorgestern
きのう		gestern
きょう		heute
あした		morgen
あさって		übermorgen
けさ		heute Morgen
こんばん	今晩	heute Abend
やすみ	休み	Pause, freier Tag, Ruhetag, Ferien
ひるやすみ	昼休み	Mittagspause

まいあさ	毎朝	jeden Morgen
まいばん	毎晩	jeden Abend
まいにち	毎日	jeden Tag

げつようび	月曜日	Montag
かようび	火曜日	Dienstag
すいようび	水曜日	Mittwoch
もくようび	木曜日	Donnerstag
きんようび	金曜日	Freitag
どようび	土曜日	Samstag
にちようび	日曜日	Sonntag
なんようび	何曜日	welcher Wochentag

| ばんごう | 番号 | Nummer (Telefon, Zimmer) |
| なんばん | 何番 | welche Nummer |

| 〜から | | von 〜 |
| 〜まで | | bis 〜 |

| 〜と〜 | | und (Verbindung von Nomina) |

そちら		bei Ihnen (bei Kaufhäusern, Kunstmuseen, Firmen etc.)
たいへんですね。	大変ですね。	Das ist ganz schön anstrengend, nicht wahr? (wird verwendet, um Verständnis oder Mitgefühl auszudrücken)
えーと		äh, hmm (wenn man vor einer Aussage überlegt, entspricht engl. „well", „let me see")

◁ 会話 ▷

１０４	Nummer der Telefonauskunft
お願いします。	Bitte. (wörtl. Ich bitte um einen Gefallen.)
かしこまりました。	Jawohl!/ Sicher! (höflicher Ausdruck von わかりました: Ich habe verstanden!)
お問い合わせの 番号	Ihre gewünschte Nummer
[どうも] ありがとう ございました。	Vielen Dank!

～～～～～～～～～～～～～～～～～～～

ニューヨーク	New York
ペキン	Peking (北京)
ロンドン	London
バンコク	Bangkok
ロサンゼルス	Los Angeles
やまと美術館	fiktives Kunstmuseum
大阪デパート	fiktives Kaufhaus
みどり図書館	fiktive Bibliothek
アップル銀行	fiktive Bank

II. Übersetzungen

Satzstrukturen

1. Es ist jetzt fünf nach vier. (wörtl. ~ vier Uhr fünf.)
2. Ich arbeite von neun bis fünf Uhr.
3. Ich stehe morgens um sechs Uhr auf.
4. Ich habe gestern gelernt.

Beispielsätze

1. Wie spät ist es jetzt?
   ···Es ist zehn nach zwei. (wörtl. ~ zwei Uhr zehn.)
   Wie spät ist es jetzt in New York?
   ···Es ist zehn nach zwölf (wörtl. ~ null Uhr zehn) vormittags.
2. Von wann bis wann ist die Bank geöffnet? (wörtl. Von wie viel Uhr bis wie viel Uhr ist die Bank?)
   ···(Sie ist) Von neun bis drei Uhr (geöffnet).
   An welchen Wochentagen ist sie geschlossen? (wörtl. Welcher Wochentag ist der freie Tag?)
   ···Samstags und sonntags.
3. Um wie viel Uhr gehen Sie jeden Abend ins Bett?
   ···Ich gehe um elf Uhr ins Bett.
4. Arbeiten Sie am Samstag?
   ···Nein, ich arbeite nicht am Samstag.
5. Haben Sie gestern gelernt?
   ···Nein, ich habe nicht gelernt.
6. Wie lautet die Telefonnummer von IMC? (wörtl. Welche Nummer ist die Telefonnummer von IMC?)
   ···341-2597.

Dailog

Von wann bis wann haben Sie geöffnet?

Telefonauskunft:	Hier ist die Telefonauskunft 104. Mein Name ist Ishida.
Karina:	Die Nummer des Yamato Kunstmuseums, bitte!
Telefonauskunft:	Die Nummer des Yamato Kunstmuseums. Jawohl!
	--
Band:	Ihre gewünschte Nummer lautet 0797-38-5432.
	--
Museumsmitarbeiterin:	Yamato Kunstmuseum. Guten Tag.
Karina:	Entschuldigen Sie bitte. Von wann bis wann haben Sie geöffnet?
Museumsmitarbeiterin:	Von neun bis vier Uhr.
Karina:	An welchen Wochentagen haben Sie geschlossen?
Museumsmitarbeiterin:	Wir haben montags geschlossen.
Karina:	Vielen Dank!

III. Zusatzvokabular & Informationen

でんわ・てがみ
電話・手紙   TELEFON & BRIEFE

Benutzung von öffentlichen Telefonen

① Hörer abnehmen.
② Geld einwerfen bzw. Karte hineinstecken.
③ Nummer wählen.
④ Hörer auflegen.
⑤ Karte bzw. Geld (falls vorhanden) entgegennehmen.

Öffentliche Telefone funktionieren nur mit 10 Yen oder 100 Yen Münzen oder Telefonkarten.
Im Fall von 100 Yen Münzen wird kein Wechselgeld zurückgegeben.
Falls das Telefon einen Start-Knopf hat, diesen nach ③ drücken.

Wichtige Telefonnummern

1 1 0	警察署 (けいさつしょ)	Polizei
1 1 9	消防署 (しょうぼうしょ)	Feuerwehr / Erste Hilfe
1 1 7	時報 (じほう)	Zeitansage
1 7 7	天気予報 (てんきよほう)	Wettervorhersage
1 0 4	電話番号案内 (でんわばんごうあんない)	Telefonauskunft

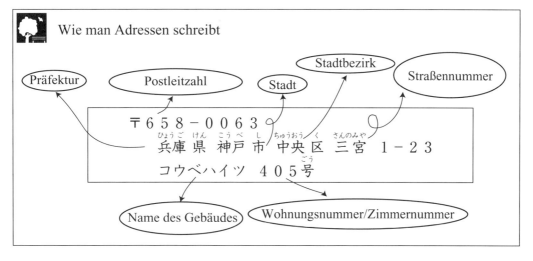

Wie man Adressen schreibt

〒658-0063
兵庫県 神戸市 中央区 三宮 1-23
(ひょうごけん こうべし ちゅうおうく さんのみや)
コウベハイツ 405号 (ごう)

- Präfektur
- Postleitzahl
- Stadt
- Stadtbezirk
- Straßennummer
- Name des Gebäudes
- Wohnungsnummer/Zimmernummer

IV. Grammatik

1. 今 －時 －分です

Für Zeitangaben werden die Zähleinheitssuffixe 時 (Stunde) und 分 (Minute) verwendet. 分 wird nach 2, 5, 7 und 9 ふん und nach 1, 3, 4, 6, 8 und 10 ぷん gelesen. Die vor ぷん stehenden Zahlen 1, 6, 8 und 10 werden いっ、ろっ、はっ und じゅっ (じっ) gelesen. (s. Anhang II) Das Fragewort なん wird vor den Zähleinheitssuffixen verwendet, um nach Zahlen mit Zähleinheitssuffixen zu fragen. なんじ und なんぷん werden verwendet, um nach der Zeit zu fragen.

① 今 何時ですか。　　　　　　　Wie spät ist es jetzt? (wörtl. Wie viel Uhr ist es jetzt?)
　…7時10分です。　　　　　　　…Es ist zehn nach sieben (wörtl. ～ sieben Uhr zehn).

[Anm.] Wie Sie bereits in L. 1 gelernt haben, bezeichnet は das Thema des Satzes. Bei ② wird der Ort durch die Anfügung von は zum Thema gemacht.

② ニューヨークは 今 何時ですか。　Wie spät ist es jetzt in New York?
　…午前 4時です。　　　　　　　…Vier Uhr morgens.

2. Ｖます

1) Ein Verb in Verbindung mit ます wird zum Prädikat.
2) ます drückt dem Gesprächspartner gegenüber höfliche Haltung aus.

③ わたしは 毎日 勉強します。　　Ich lerne jeden Tag.

3. Ｖます／Ｖません／Ｖました／Ｖませんでした

1) ます wird sowohl bei der Beschreibung von gewohnheitsmäßigen Angelegenheiten in der Gegenwart, von Wahrheiten oder bei Angelegenheiten, die in der Zukunft ausgeführt werden oder sich ereignen, verwendet. Verneinung und Vergangenheitsformen sind in der nachstehenden Tabelle zusammengefasst.

	Nichtvergangenheit (Gegenwart/Zukunft)	Vergangenheit
Bejahung	（おき）ます	（おき）ました
Verneinung	（おき）ません	（おき）ませんでした

④ 毎朝 6時に 起きます。　　　Ich stehe jeden Morgen um sechs Uhr auf.
⑤ あした 6時に 起きます。　　Ich werde morgen um sechs Uhr aufstehen.
⑥ けさ 6時に 起きました。　　Heute morgen bin ich um sechs Uhr aufgestanden.

2) Fragen mit verbalen Prädikaten werden genauso gebildet wie Fragen mit Prädikatsnomen, d.h. die Wortstellung ändert sich nicht und es wird か an das Ende des Satzes angehängt. Das Fragewort nimmt die Stelle des Wortes ein, nach dem man fragen möchte.

Bei der Beantwortung wird das Verb der Frage wiederholt. Weder そうです noch そうじゃ ありません (s. L. 2) können als Beantwortung der Fragen mit verbalen Prädikaten verwendet werden.

⑦ きのう 勉強しましたか。　　　Haben Sie gestern gelernt?
　…はい、勉強しました。　　　　…Ja, ich habe gelernt.
　…いいえ、勉強しませんでした。　…Nein, ich habe nicht gelernt.

⑧ 毎朝 何時に 起きますか。 Um wie viel Uhr stehen Sie jeden morgen auf?
…6時に 起きます。 …Ich stehe um sechs Uhr auf.

4. N (Zeit)に V

Der Zeitpunkt einer Handlung wird durch die Partikel に hinter dem Nomen mit Zeitangaben angezeigt. Das N (Zeit)に wird mit dem Verb, das eine in einem Augenblick endende Handlung bedeutet, verwendet. に wird an Nomen mit Zeitangaben angehängt, wenn Zahlen darin inbegriffen sind. に wird nicht verwendet, wenn für die Zeitangabe keine Zahl verwendet wird. An die Wochentage kann に allerdings angehängt oder auch weggelassen werden.

⑨ 6時半に 起きます。 Ich stehe um halb sieben (wörtl. 6 Uhr halb) auf.
⑩ 7月2日に 日本へ 来ました。 Ich bin am 2. Juli nach Japan gekommen. (L. 5)
⑪ 日曜日[に] 奈良へ 行きます。 Am Sonntag fahre ich nach Nara. (L. 5)
⑫ きのう 勉強しました。 Gestern habe ich gelernt.

5. N₁から N₂まで

1) から zeigt den zeitlichen oder örtlichen Ausgangspunkt, まで den Endpunkt an.

⑬ 9時から 5時まで 働きます。 Ich arbeite von neun bis fünf Uhr.
⑭ 大阪から 東京まで 3時間 かかります。
  Es dauert drei Stunden von Ôsaka bis Tôkyô. (L. 11)

2) から und まで werden nicht immer zusammen verwendet.

⑮ 9時から 働きます。 Ich arbeite ab neun Uhr.

3) An ～から, ～まで oder ～から ～まで kann です direkt angeschlossen werden.

⑯ 銀行は 9時から 3時までです。 Die Bank ist von neun bis drei Uhr (geöffnet).
⑰ 昼休みは 12時からです。 Die Mittagspause ist ab zwölf Uhr.

6. N₁と N₂

Die Partikel と verbindet Nomina in Aufzählungen.

⑱ 銀行の 休みは 土曜日と 日曜日です。
  Die Bank ist samstags und sonntags geschlossen. (wörtl. Die Ruhetage von der Bank sind Samstag und Sonntag.)

7. Sね

ね wird an das Ende eines Satzes angeschlossen, um ein Gefühl des Sprechers auszudrücken. ね drückt das Mitgefühl mit dem Gesprächspartner oder die Erwartung aus, dass der Gesprächspartner zustimmen wird. In der letzteren Bedeutung fungiert ね als Bestätigung.

⑲ 毎日 10時ごろまで 勉強します。 Ich lerne jeden Tag bis gegen zehn Uhr.
  …大変ですね。 …Das ist ganz schön anstrengend, nicht wahr?
⑳ 山田さんの 電話番号は 871の 6813です。
  …871の 6813ですね。
  Die Telefonnummer von Herrn/Frau Yamada ist 871-6813.
  …871-6813, nicht wahr?

Lektion 5

I. Vokabular

いきます	行きます	gehen, fahren, fliegen
きます	来ます	kommen
かえります	帰ります	nach Hause gehen, zurückkehren
がっこう	学校	Schule
スーパー		Supermarkt
えき	駅	Bahnhof
ひこうき	飛行機	Flugzeug
ふね	船	Schiff
でんしゃ	電車	Bahn, Zug
ちかてつ	地下鉄	U-Bahn
しんかんせん	新幹線	Shinkansen (jap. Hochgeschwindigkeitszug)
バス		Bus
タクシー		Taxi
じてんしゃ	自転車	Fahrrad
あるいて	歩いて	zu Fuß
ひと	人	Person, Mensch, Leute
ともだち	友達	Freund(in)
かれ	彼	er (3. Person), Freund (Liebhaber)
かのじょ	彼女	sie (3. Person), Freundin (Geliebte)
かぞく	家族	Familie
ひとりで	一人で	alleine
せんしゅう	先週	die letzte Woche, letzte Woche
こんしゅう	今週	diese Woche
らいしゅう	来週	die nächste Woche, nächste Woche
せんげつ	先月	der letzte Monat, letzten Monat
こんげつ	今月	diesen/r Monat
らいげつ	来月	der nächste Monat, nächsten Monat
きょねん	去年	das letzte Jahr, letztes Jahr
ことし	今年	dieses Jahr
らいねん	来年	das nächste Jahr, nächstes Jahr

－がつ	－月	－ Monat (Jan., Feb., etc.)
なんがつ	何月	welcher Monat
ついたち	1日	der 1. des Monats
ふつか	2日	der 2., zwei Tage
みっか	3日	der 3., drei Tage
よっか	4日	der 4., vier Tage
いつか	5日	der 5., fünf Tage
むいか	6日	der 6., sechs Tage
なのか	7日	der 7., sieben Tage
ようか	8日	der 8., acht Tage
ここのか	9日	der 9., neun Tage
とおか	10日	der 10., zehn Tage
じゅうよっか	14日	der 14., 14 Tage
はつか	20日	der 20., 20 Tage
にじゅうよっか	24日	der 24., 24 Tage
－にち	－日	der －te des Monats, － Tage
なんにち	何日	welcher Tag, wie viele Tage
いつ		wann
たんじょうび	誕生日	Geburtstag
ふつう	普通	Personenzug
きゅうこう	急行	Schnellzug
とっきゅう	特急	Expresszug
つぎの	次の	nächste/r/s

◁ 会話 ▷

どう いたしまして。	Keine Ursache./ Gern geschehen.
－番線（ばんせん）	Bahnsteig －, Gleis －

〰〰〰〰〰〰〰〰〰〰〰〰〰〰〰〰〰〰〰

博多（はかた）	Name eines Stadtteils von Fukuoka-Stadt auf Kyûshû
伏見（ふしみ）	Name eines Stadtteils von Kyôto
甲子園（こうしえん）	Name eines Stadtteils von Nishinomiya-Stadt bei Ôsaka
大阪城（おおさかじょう）	Ôsaka Schloss

II. Übersetzungen

Satzstrukturen

1. Ich fahre nach Kyôto.
2. Ich fahre mit dem Taxi nach Hause zurück.
3. Ich bin mit meiner Familie nach Japan gekommen.

Beispielsätze

1. Wohin fahren Sie morgen?
   ···Ich fahre nach Nara.
2. Wohin sind Sie am Sonntag gefahren?
   ···Ich bin nirgendwohin gefahren.
3. Wie (wörtl. Womit) fahren Sie nach Tôkyô?
   ···Ich fahre mit dem Shinkansen.
4. Mit wem fahren Sie nach Tôkyô?
   ···Ich fahre mit Herrn/Frau Yamada.
5. Wann sind Sie nach Japan gekommen?
   ···Ich bin am 25. März (nach Japan) gekommen.
6. Wann ist Ihr Geburtstag?
   ···Am 13. Juni.

Dialog

Fährt dieser Zug nach Kôshien?

Santos:	Entschuldigen Sie bitte, wie viel kostet es bis Kôshien?
Frau:	350 Yen.
Santos:	350 Yen? Vielen Dank!
Frau:	Keine Ursache!

Santos:	Entschuldigen Sie! Von welchem Gleis fahren die Züge nach Kôshien ab?
Bahnangestellter:	Von Gleis 5.
Santos:	Danke schön!

Santos:	Entschuldigung, fährt dieser Zug nach Kôshien?
Mann:	Nein, aber der nächste Personenzug.
Santos:	Ach so. Danke!

III. Zusatzvokabular & Informationen

祝祭日 (しゅくさいじつ)   FEIERTAGE

1月1日 (がつついたち)	元日 (がんじつ)	Neujahrstag
1月第2月曜日* (がつだいげつようび)	成人の日 (せいじんのひ)	Tag der Volljährigen
2月11日 (がつにち)	建国記念の日 (けんこくきねんのひ)	Gedenktag zur Staatsgründung
3月20日** (がつはつか)	春分の日 (しゅんぶんのひ)	Tagundnachtgleiche im Frühling
4月29日 (がつにち)	みどりの日	Tag des Grüns
5月3日 (がつみっか)	憲法記念日 (けんぽうきねんび)	Gedenktag zur Einführung der Verfassung
5月4日 (がつよっか)	国民の休日 (こくみんのきゅうじつ)	Tag der Nation
5月5日 (がつついか)	こどもの日	Kindertag
7月20日 (がつはつか)	海の日 (うみのひ)	Tag des Meeres
9月15日 (がつにち)	敬老の日 (けいろうのひ)	Tag der Alten
9月23日** (がつにち)	秋分の日 (しゅうぶんのひ)	Tagundnachtgleiche im Herbst
10月第2月曜日* (がつだいげつようび)	体育の日 (たいいくのひ)	Tag des Sports und der Gesundheit
11月3日 (がつみっか)	文化の日 (ぶんかのひ)	Tag der Kultur
11月23日 (がつにち)	勤労感謝の日 (きんろうかんしゃのひ)	Tag der Arbeit
12月23日 (がつにち)	天皇誕生日 (てんのうたんじょうび)	Geburtstag des Tennôs (= jap. Kaiser)

* der zweite Montag des Monats
** ist von Jahr zu Jahr verschieden

 Wenn ein Feiertag auf einen Sonntag fällt, ist der darauffolgende Montag frei. Die Zeit vom 29. April bis 5. Mai wird als ゴールデンウイーク (Goldene Woche) bezeichnet, weil sie mehrere Feiertage enthält. Einige Firmen geben ihren Angestellten in dieser Woche ganz frei.

IV. Grammatik

1. N (Ort)へ 行きます／来ます／帰ります

Im Fall von Verben der Bewegung wird an das Nomen, das den Ort beschreibt, die Partikel へ angefügt, um so die Richtung der Bewegung anzuzeigen.

① 京都へ 行きます。　　　　　Ich fahre nach Kyôto.
② 日本へ 来ました。　　　　　Ich bin nach Japan gekommen.
③ うちへ 帰ります。　　　　　Ich gehe nach Hause zurück.

[Anm.] Die Partikel へ wird wie え ausgesprochen.

2. どこ[へ]も 行きません／行きませんでした

Wenn alles, was mit dem Fragewort erfragt wird, verneint werden soll, wird die Partikel も mit der negativen Form benutzt.

④ どこ[へ]も 行きません。　　Ich gehe nirgendwohin.
⑤ 何も 食べません。　　　　　Ich esse nichts. (L. 6)
⑥ だれも いません。　　　　　Hier ist niemand. (L. 10)

3. N (Fahrzeug)で 行きます／来ます／帰ります

Die Partikel で bezeichnet ein Mittel oder eine Methode. Transportmittel werden angezeigt, wenn で an die Nomina, die Fahrzeuge ausdrücken, angefügt und mit den Verben der Bewegung (いきます, きます, かえります, etc.) verwendet wird.

⑦ 電車で 行きます。　　　　　Ich fahre mit dem Zug.
⑧ タクシーで 来ました。　　　Ich bin mit dem Taxi gekommen.

Wenn man zu Fuß geht, wird der Ausdruck あるいて verwendet. で wird in diesem Fall nicht gebraucht.

⑨ 駅から 歩いて 帰りました。
　　Ich bin vom Bahnhof aus zu Fuß nach Hause gegangen.

4. N (Person/Tier)と V

Wenn eine Handlung zusammen mit einer Person (oder einem Tier) geschieht, so wird an diese Person (oder das Tier) die Partikel と angeschlossen.

⑩ 家族と 日本へ 来ました。　　Ich bin mit meiner Familie nach Japan gekommen.

Wenn man etwas alleine tut, wird der Ausdruck ひとりで verwendet. In diesem Fall wird die Partikel と nicht gebraucht.

⑪ 一人で 東京へ 行きます。　　Ich fahre alleine nach Tôkyô.

5. いつ

Um nach dem Zeitpunkt einer Handlung zu fragen, werden Fragewörter in Verbindung mit なん verwendet (z.B. なんじ, なんようび, なんがつなんにち). Außerdem wird das Fragewort いつ verwendet. In diesem Fall ist die Partikel に nicht notwendig.

⑫ いつ 日本へ 来ましたか。　　　　　　Wann sind Sie nach Japan gekommen?
　…3月25日に 来ました。　　　　　　…Ich bin am 25. März gekommen.
⑬ いつ 広島へ 行きますか。　　　　　　Wann fahren Sie nach Hiroshima?
　…来週 行きます。　　　　　　　　　…Ich fahre nächste Woche.

6. Sよ

よ wird am Ende des Satzes gebraucht, wenn man dem Gesprächspartner etwas Neues mitteilt bzw. ein Urteil oder seine eigene Meinung mit Bestimmtheit ausdrückt.

⑭ この 電車は 甲子園へ 行きますか。
　…いいえ、行きません。次の 普通ですよ。
　Fährt dieser Zug nach Kôshien?
　…Nein, er fährt nicht dorthin. (Es ist) der nächste Personenzug.
⑮ 無理な ダイエットは 体に よくないですよ。
　Unvernünftige Diäten sind nicht gut für die Gesundheit. (L. 19)

Lektion 6

I. Vokabular

たべます	食べます	essen
のみます	飲みます	trinken
すいます	吸います	[Zigaretten] rauchen
［たばこを ～］		
みます	見ます	sehen
ききます	聞きます	hören
よみます	読みます	lesen
かきます	書きます	schreiben, malen
かいます	買います	kaufen
とります	撮ります	[Fotos] machen, fotografieren
［しゃしんを ～］	［写真を ～］	
します		tun, machen
あいます	会います	sich [mit Freunden] treffen
［ともだちに ～］	［友達に ～］	
ごはん		Essen, gekochter Reis
あさごはん	朝ごはん	Frühstück
ひるごはん	昼ごはん	Mittagessen
ばんごはん	晩ごはん	Abendessen
パン		Brot
たまご	卵	Ei
にく	肉	Fleisch (Fischfleisch ist nicht inbegriffen)
さかな	魚	Fisch
やさい	野菜	Gemüse
くだもの	果物	Obst
みず	水	Wasser
おちゃ	お茶	Tee, grüner Tee
こうちゃ	紅茶	schwarzer Tee
ぎゅうにゅう	牛乳	Milch
（ミルク）		
ジュース		Saft
ビール		Bier
［お］さけ	［お］酒	Alkohol, Reiswein

ビデオ		Video, Videorekorder
えいが	映画	(Kino-)Film
ＣＤ		CD
てがみ	手紙	Brief
レポート		Bericht, Hausarbeit (für Seminar)
しゃしん	写真	Foto
みせ	店	Geschäft, Laden
レストラン		Restaurant
にわ	庭	Garten
しゅくだい	宿題	Hausaufgabe (〜を します: Hausaufgaben machen)
テニス		Tennis (〜を します: Tennis spielen)
サッカー		Fußball (〜を します: Fußball spielen)
[お]はなみ	[お]花見	Kirschblütenschau (〜を します: Kirschblüten anschauen)
なに	何	was
いっしょに		zusammen
ちょっと		ein wenig, ein bisschen
いつも		immer
ときどき	時々	manchmal
それから		danach, dann
ええ		ja (informelle Entsprechung von はい)
いいですね。		Das hört sich gut an./ Gute Idee! (wörtl. Das ist gut.)
わかりました。		Ich habe verstanden.

◁ 会話 ▷

何^{なん}ですか。	Ja? (Antwort, wenn man angesprochen wurde)
じゃ、また [あした]。	Man sieht sich!/ Bis morgen!

~~~~~~~~~~~~~~~~~~~~~~~~~~~~~~

メキシコ	Mexiko
大阪城公園 (おおさかじょうこうえん)	Park um das Ôsaka Schloss

II. Übersetzungen

Satzstrukturen

1. Ich trinke Saft.
2. Ich kaufe eine Zeitung am Bahnhof.
3. Wollen Sie nicht zusammen mit mir nach Kôbe fahren?
4. Ruhen wir uns doch ein bisschen aus.

Beispielsätze

1. Rauchen Sie?
   ···Nein, ich rauche nicht.
2. Was essen Sie jeden Morgen (zum Frühstück)?
   ···Ich esse Eier und Brot.
3. Was haben Sie heute morgen gegessen?
   ···Ich habe nichts gegessen.
4. Was haben Sie am Samstag gemacht?
   ···Ich habe Japanisch gelernt. Dann habe ich mir einen Film angesehen.
   Was haben Sie am Sonntag gemacht?
   ···Ich bin mit einem Freund/einer Freundin nach Nara gefahren.
5. Wo haben Sie diese Tasche gekauft?
   ···Ich habe sie in Mexiko gekauft.
6. Wollen Sie nicht zusammen mit mir ein Bier trinken?
   ···Ja, gehen wir ein Bier trinken! (wörtl. Trinken wir ein Bier!)

Dialog

Wollen Sie nicht mit uns hingehen?

Satô: Herr Miller.
Miller: Ja?
Satô: Ich gehe morgen mit ein paar Freunden Kirschblüten ansehen. Wollen Sie nicht mit uns hingehen?
Miller: Das hört sich gut an. Wohin wollen Sie denn gehen?
Satô: Zum Ôsakajô-Kôen.
Miller: Um wie viel Uhr?
Satô: Um zehn. Treffen wir uns doch am Bahnhof Ôsakajô-Kôen.
Miller: Ja, gut.
Satô: Dann bis morgen.

III. Zusatzvokabular & Informationen

食べ物 (たべもの) LEBENSMITTEL

野菜 (やさい) Gemüse
きゅうり	Gurke
トマト	Tomate
なす	Aubergine
まめ	Bohne/Erbse
キャベツ	Weißkohl
ねぎ	Lauchzwiebel
はくさい	Chinakohl
ほうれんそう	Spinat
レタス	Eisbergsalat
じゃがいも	Kartoffel
だいこん	Rettich
たまねぎ	Zwiebel
にんじん	Möhre

果物 (くだもの) Obst
いちご	Erdbeere	かき	Kaki-Frucht
もも	Pfirsich	みかん	Mandarine
すいか	Wassermelone	りんご	Apfel
ぶどう	Trauben	バナナ	Banane
なし	jap. Birne		

肉 (にく) Fleisch
ぎゅうにく	Rindfleisch
とりにく	Hühnerfleisch
ぶたにく	Schweinefleisch
ソーセージ	Wurst
ハム	Schinken

こめ Reis

たまご Ei

魚 (さかな) Fisch
あじ	Pferdemakrele	さけ	Lachs	えび	Schrimps/Garnele
いわし	Sardine	まぐろ	Thunfisch	かに	Krabbe
さば	jap. Makrele	たい	Meerbrasse	いか	Tintenfisch
さんま	Hechtmakrele	たら	Kabeljau	たこ	Oktopus

かい Muschel

 Japan importiert über die Hälfte der konsumierten Lebensmittel. In Prozent ausgedrückt sieht die Selbstversorgung wie folgt aus: Getreide 29%, Gemüse 86%, Obst 47%, Fleisch 55% und Meeresfrüchte 70% (1996, Ministerium für Landwirtschaft, Forstwirtschaft und Fischerei).
Reis ist das einzige Getreide, das Japan zu 100% selbst produziert.

IV. Grammatik

1. N を V (transitiv)

Die Partikel を wird verwendet, um das direkte Objekt eines transitiven Verbs in einem Satz anzuzeigen.

① ジュースを 飲みます。　　　　　Ich trinke Saft.

[Anm.] を wird wie お ausgesprochen. を wird nur als Partikel verwendet.

2. N を します

Das Verb します kann verschiedene Nomina zum Objekt machen. N を します bedeutet, dass die im Objekt beinhaltete Handlung durchgeführt wird. Hier einige Beispiele.

1) Sport, Spiele, etc.
　　サッカーを します　　　　　Fußball spielen
　　トランプを します　　　　　Karten spielen

2) Versammlung, Veranstaltung, etc.
　　パーティーを します　　　　eine Party feiern
　　会議を します　　　　　　　eine Konferenz abhalten

3) Sonstiges
　　宿題を します　　　　　　　Hausaufgaben machen
　　仕事を します　　　　　　　seine Arbeit machen

3. 何を しますか

Mit dieser Konstruktion kann man erfragen, was man tut.

② 月曜日 何を しますか。　　　　Was werden Sie am Montag machen?
　…京都へ 行きます。　　　　　　…Ich werde nach Kyôto fahren.
③ きのう 何を しましたか。　　　Was haben Sie gestern gemacht?
　…サッカーを しました。　　　　…Ich habe Fußball gespielt.

[Anm.] Man kann ein Wort, das die Zeit (z.B. Datum) beschreibt, mit der Partikel は verbinden und es so zum Thema des Satzes machen.

④ 月曜日は 何を しますか。　　　Was werden Sie am Montag machen?
　…京都へ 行きます。　　　　　　…Ich werde nach Kyôto fahren.

4. なん und なに

なん und なに bedeuten beide „was".

1) なん wird in den folgenden Fällen verwendet.
　(1) Wenn ein Wort folgt, das mit einer Mora aus der た-, だ- oder な-Zeile beginnt.
　　⑤ それは 何ですか。　　　　　Was ist das?
　　⑥ 何の 本ですか。　　　　　　Was ist das für ein Buch?
　　⑦ 寝る まえに、何と 言いますか。　Was sagt man, bevor man ins Bett geht? (L. 21)

(2) Wenn ein Zähleinheitssuffix folgt.
⑧ テレサちゃんは 何歳ですか。　　　Wie alt ist Teresa?

2) なに wird in allen anderen Fällen verwendet.
⑨ 何を 買いますか。　　　Was kaufen Sie?

5. N (Ort) で V

Die Partikel で, die Sie in dieser Lektion lernen, wird an ein Nomen, das einen Ort beschreibt, angeschlossen. Damit wird der Ort der Handlung angezeigt.

⑩ 駅で 新聞を 買います。　　　Ich kaufe am Bahnhof eine Zeitung.

6. Vませんか

Diese Konstruktion wird verwendet, um den Gesprächspartner zu etwas aufzufordern oder zu fragen, ob er etwas mitmachen möchte.

⑪ いっしょに 京都へ 行きませんか。　　　Wollen Sie nicht mit uns nach Kyôto fahren?
　…ええ、いいですね。　　　…Gute Idee!

7. Vましょう

Mit dieser Konstruktion schlägt der Sprecher mit Nachdruck etwas vor und fordert seinen Gesprächspartner dazu auf. Damit kann man aber auch auf eine Aufforderung oder einen Vorschlag aktiv eingehen.

⑫ ちょっと 休みましょう。　　　Machen wir doch eine kleine Pause!
⑬ いっしょに 昼ごはんを 食べませんか。
　…ええ、食べましょう。

　Wollen Sie nicht zusammen mit mir zu Mittag essen?
　…Ja, lassen Sie uns zusammen essen!

[Anm.] Beide Konstruktionen (6., 7.) drücken eine Aufforderung aus. Allerdings nimmt Vませんか mehr Rücksicht auf den Willen des Gesprächspartners als Vましょう.

8. お～

Sie haben in L. 3 gelernt, dass das Präfix お vor Wörter gestellt wird, um dem Gesprächspartner bzw. der im Gespräch erwähnten Person gegenüber Respekt auszudrücken (z.B. ［お］くに [Ihr] Land).

お wird auch vor gewisse Wörter gesetzt, wenn der Sprecher sich höflich ausdrückt (z.B. ［お］さけ Reiswein, ［お］はなみ Kirschblütenschau).

Es gibt auch einige Wörter, die normalerweise mit お gebraucht werden, allerdings ohne dabei dem Gesprächspartner gegenüber besonderen Respekt entgegenzubringen oder höflich zu sein (z.B. おちゃ grüner Tee, おかね Geld).

Lektion 7

I. Vokabular

きります	切ります	schneiden
おくります	送ります	(ab-)schicken (Paket, Päckchen, Fax, etc.)
あげます		geben, schenken (Sachen gehen in den Besitz des Partners über)
もらいます		erhalten, bekommen (Sachen gehen in den eigenen Besitz über)
かします	貸します	verleihen
かります	借ります	borgen, sich ausleihen
おしえます	教えます	lehren, beibringen
ならいます	習います	lernen (von jm. et. lernen)
かけます　[でんわを ～]	［電話を ～］	anrufen
て	手	Hand, Arm
はし		Essstäbchen
スプーン		Löffel
ナイフ		Messer
フォーク		Gabel
はさみ		Schere
ファクス		Fax
ワープロ		Word Processor (wie PC, ausschließlich zur Textverarbeitung)
パソコン		PC (Personal Computer)
パンチ		Locher
ホッチキス		Hefter, Tacker
セロテープ		Klebeband (z.B. Tesafilm)
けしゴム	消しゴム	Radiergummi
かみ	紙	Papier
はな	花	Blume, Blüte
シャツ		Hemd
プレゼント		Geschenk (kein Souvenir)
にもつ	荷物	Gepäck, Paket, Päckchen
おかね	お金	Geld
きっぷ	切符	(Fahr-)Karte, Ticket
クリスマス		Weihnachten

ちち	父	(mein) Vater
はは	母	(meine) Mutter
おとうさん	お父さん	Vater (einer anderen Person)
おかあさん	お母さん	Mutter (einer anderen Person)

もう	schon, bereits
まだ	noch, noch nicht
これから	jetzt, von jetzt an, gleich

[〜、] すてきですね。　　Was für ein/e schöne/r/s [〜]！

◁ 会話 ▷

ごめんください。	Entschuldigung! Jemand zu Hause? (wird verwendet, wenn man jn. zu Hause besucht)
いらっしゃい。	Schön, dass Sie gekommen sind! (wörtl. Willkommen!)
どうぞ お上がり ください。	Kommen Sie doch herein!
失礼します。	Danke schön!/ Darf ich? (wörtl: Ich bitte Sie um Entschuldigung der Unhöflichkeit. Wird verwendet, wenn man das Haus oder das Zimmer einer anderen Person betritt oder verlässt.)
[〜は] いかがですか。	Wie wäre es mit [〜]? (wenn man et. anbietet)
いただきます。	Danke schön! (wörtl: Ich empfange. Wird vor dem Essen oder (Kaffee-)Trinken gesagt)
旅行	Reise (〜を します: verreisen)
お土産	Souvenir (von einer Reise, Gastgeschenk)

~~~~~~~~~~~~~~~~~~~~~~~~~~~~~~~~

ヨーロッパ	Europa
スペイン	Spanien

II. Übersetzungen

Satzstrukturen

1. Ich schreibe Briefe mit dem Word Processor.
2. Ich schenke Frau Kimura Blumen.
3. Ich habe von Karina Schokolade bekommen.

Beispielsätze

1. Haben Sie mit dem Fernsehen (= mit Hilfe des Japanischkurses im Fernsehen) Japanisch gelernt?
   ⋯Nein, mit dem Radio (= mit Hilfe des Japanischkurses im Radio) (habe ich es gelernt).
2. Schreiben Sie Ihre Berichte auf Japanisch?
   ⋯Nein, ich schreibe sie auf Englisch.
3. Was heißt „Goodbye" auf Japanisch?
   ⋯Es heißt „Sayônara".
4. Wem schreiben Sie Weihnachtskarten?
   ⋯Ich schreibe meiner Familie und meinen Freunden.
5. Was ist das?
   ⋯Ein Notizbuch. Ich habe es von Herrn/Frau Yamada bekommen.
6. Haben Sie sich schon Ihre Fahrkarte für den Shinkansen gekauft?
   ⋯Ja, ich habe sie schon gekauft.
7. Haben Sie schon zu Mittag gegessen?
   ⋯Nein, noch nicht. Ich gehe jetzt essen. (wörtl. Ich esse jetzt.)

Dialog

Jemand zu Hause?

Jose Santos:	Jemand zu Hause?
Yamada, Ichirô:	Willkommen! Kommen Sie doch herein!
Jose Santos:	Danke schön!

Yamada, Tomoko:	Wie wäre es mit einer Tasse Kaffee?
Maria Santos:	Vielen Dank!

Yamada, Tomoko:	Hier, bitte schön!
Maria Santos:	Danke schön!
	Der Löffel ist aber schön!
Yamada, Tomoko:	Ja. Ich habe ihn von einem Kollegen/einer Kollegin (aus der Firma) bekommen.
	Es ist ein Souvenir von einer Europa-Reise.

III. Zusatzvokabular & Informationen

家族 FAMILIE

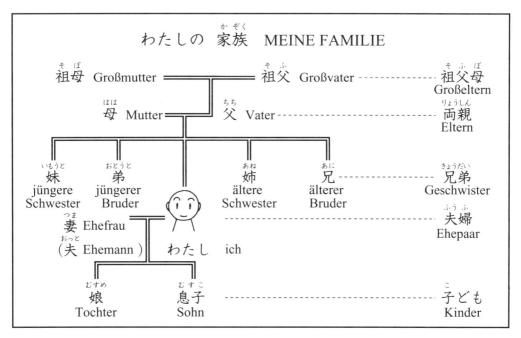

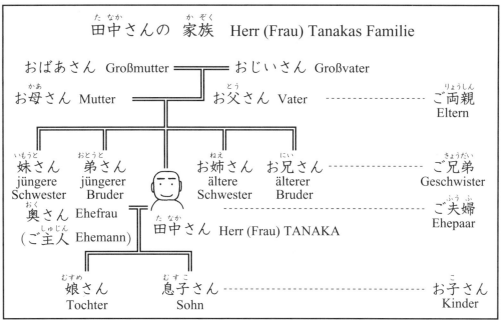

IV. Grammatik

1. N (Mittel/Methode) で V

Die Partikel で zeigt Mittel oder Methoden an, mit denen eine Handlung durchgeführt wird.

① はしで 食べます。　　　　　　　　　Ich esse mit Stäbchen.
② 日本語で レポートを 書きます。　　Ich schreibe einen Bericht auf Japanisch.

2. „Wort/Satz" は ～語で 何ですか

Diese Frage wird verwendet, um zu fragen, wie ein Wort oder ein Satz in einer anderen Sprache heißt.

③ 「ありがとう」は 英語で 何ですか。　　Was heißt „ありがとう" auf Englisch?
　…「Thank you」です。　　　　　　　　…(Es heißt) „Thank you".
④ 「Thank you」は 日本語で 何ですか。　(Was heißt) „Thank you" auf Japanisch?
　…「ありがとう」です。　　　　　　　　…Es heißt „ありがとう".

3. N (Person) に あげます, etc.

Verben wie あげます, かします, おしえます, etc. beziehen sich immer auf eine Person, der etwas gegeben, geliehen oder gelehrt wird. Diese Person wird mit der Partikel に gekennzeichnet.

⑤ 山田さんは 木村さんに 花を あげました。
　Herr/Frau Yamada hat Frau Kimura Blumen geschenkt.
⑥ イーさんに 本を 貸しました。　　　Ich habe an Frau Lee ein Buch verliehen.
⑦ 太郎君に 英語を 教えます。　　　　Ich lehre Tarô Englisch.

[Anm.] Bei Verben wie おくります, でんわを かけます, etc. kann die Person durch einen Ort ersetzt werden. In diesem Fall kann man anstatt der Partikel に auch die Partikel へ verwenden.

⑧ 会社に 電話を かけます。　　　　　Ich rufe in der Firma an.
　（へ）

4. N (Person)に もらいます, etc.

Verben wie もらいます, かります, ならいます, etc. beschreiben eine Handlung von der empfangenden Seite aus. Wenn man als Empfänger spricht, wird die Person, von der man etwas bekommt, sich leiht, lernt etc., mit der Partikel に gekennzeichnet.

⑨ 木村さんは 山田さんに 花を もらいました。
Frau Kimura hat von Herrn/Frau Yamada Blumen bekommen.

⑩ カリナさんに CDを 借りました。
Ich habe mir von Karina eine CD geliehen.

⑪ ワンさんに 中国語を 習います。
Ich lerne von Herrn Wang Chinesisch.

In dieser Satzstruktur kann an Stelle der Partikel に auch die Partikel から verwendet werden. Wenn es an Stelle der Person um eine Organisation wie Schule oder Firma geht, kann nur die Partikel から verwendet werden.

⑫ 木村さんは 山田さんから 花を もらいました。
Frau Kimura hat von Herrn/Frau Yamada Blumen bekommen.

⑬ 銀行から お金を 借りました。   Ich habe Geld von der Bank geliehen.

5. もう Vました

もう bedeutet „schon, bereits" und wird zusammen mit Vました gebraucht. In diesem Fall bedeutet Vました, dass die Handlung bereits abgeschlossen ist.

Die Antwort auf die Frage もう Vましたか lautet entweder bejahend はい、もう Vました oder verneinend いいえ、まだです.

⑭ もう 荷物を 送りましたか。   Haben Sie das Paket schon abgeschickt?
　…はい、[もう] 送りました。   …Ja, ich habe es [schon] abgeschickt.
　…いいえ、まだです。   …Nein, noch nicht.

Bei einer negativen Beantwortung dieser Frage kann man nicht Vませんでした verwenden, denn Vませんでした drückt aus, dass die Handlung in der Vergangenheit nicht durchgeführt wurde, und nicht, dass sie noch nicht ausgeführt wurde.

Lektion 8

I. Vokabular

ハンサム [な]		gutaussehend (für Männer)
きれい [な]		hübsch, schön, sauber
しずか [な]	静か [な]	still, ruhig
にぎやか [な]		belebt
ゆうめい [な]	有名 [な]	berühmt
しんせつ [な]	親切 [な]	freundlich, nett
げんき [な]	元気 [な]	gesund, munter, fit
ひま [な]	暇 [な]	frei (Freizeit)
べんり [な]	便利 [な]	praktisch
すてき [な]		wunderbar, toll, schön
おおきい	大きい	groß
ちいさい	小さい	klein
あたらしい	新しい	neu
ふるい	古い	alt (nicht für Personen)
いい（よい）		gut
わるい	悪い	schlecht
あつい	暑い、熱い	heiß
さむい	寒い	kalt (Lufttemperatur)
つめたい	冷たい	kalt (z.B. Getränke)
むずかしい	難しい	schwierig
やさしい	易しい	einfach
たかい	高い	teuer, hoch
やすい	安い	billig
ひくい	低い	niedrig
おもしろい		interessant, lustig
おいしい		köstlich, lecker
いそがしい	忙しい	beschäftigt, viel zu tun haben
たのしい	楽しい	unterhaltsam, amüsant, schön, Spaß machen
しろい	白い	weiß
くろい	黒い	schwarz
あかい	赤い	rot
あおい	青い	blau
さくら	桜	Kirschblüte, -baum
やま	山	Berg

まち	町	Stadt
たべもの	食べ物	Lebensmittel (Essen)
くるま	車	Auto
ところ	所	Ort
りょう	寮	Wohnheim
べんきょう	勉強	Studium
せいかつ	生活	(tägliches) Leben, Alltag
［お］しごと	［お］仕事	[Ihre] Arbeit (〜を します: Arbeit machen)
どう		wie
どんな 〜		was für ein/e/s 〜
どれ		welche/r/s (von drei oder mehr Möglichkeiten)
とても		sehr
あまり		nicht so, nicht sehr (wird mit Negation verwendet)
そして		und (Verbindung von Sätzen)
〜が、〜		〜, aber 〜
おげんきですか。	お元気ですか。	Wie geht es Ihnen?
そうですね。		Nun, also... (schafft Zeit, um über die Antwort nachzudenken)

◁ 会話 ▷

日本の 生活に 慣れましたか。	Haben Sie sich schon an das Leben in Japan gewöhnt?
［〜、］もう 一杯 いかがですか。	Möchten Sie noch ein Glas/eine Tasse ［〜］?
いいえ、けっこうです。	Nein, vielen Dank. (höfliche Absage, wenn man et. angeboten bekommt)
もう 〜です［ね］。	Es ist schon 〜, [nicht wahr?]
そろそろ 失礼します。	Es ist langsam Zeit zu gehen.
また いらっしゃって ください。	Kommen Sie doch bald einmal wieder vorbei!

〜〜〜〜〜〜〜〜〜〜〜〜〜〜〜〜〜〜〜〜〜〜〜〜〜

富士山	der Fuji (der höchste Berg Japans)
琵琶湖	Biwa-See (der größte See Japans)
シャンハイ	Shanghai (上海)
「七人の 侍」	„Die Sieben Samurai" (Film von Kurosawa)
金閣寺	Kinkaku-Tempel (Der Goldene Pavillon in Kyôto)

II. Übersetzungen

Satzstrukturen

1. Die Kirschblüten sind schön.
2. Der Fuji ist hoch.
3. Die Kirschblüten sind schöne Blumen.
4. Der Fuji ist ein hoher Berg.

Beispielsätze

1. Ist Ôsaka belebt?
   ···Ja(, es ist belebt).
2. Ist das Wasser des Biwa-Sees sauber?
   ···Nein(, es ist nicht so sauber).
3. Ist es jetzt kalt in Peking?
   ···Ja, es ist sehr kalt.
   Ist es in Shanghai auch kalt?
   ···Nein, da ist es nicht so kalt.
4. Ist dieses Wörterbuch gut?
   ···Nein, es ist nicht so gut.
5. Wie ist die U-Bahn in Tôkyô?
   ···Sie ist sauber. Und sie ist praktisch.
6. Gestern habe ich einen Film gesehen.
   ···Was für einen Film haben Sie gesehen? (wörtl. Was für ein Film ist es?)
   „Die Sieben Samurai". Es ist zwar ein alter, aber sehr interessanter Film.
7. Welcher Regenschirm gehört Herrn Miller? (wörtl. Welcher ist Herr Millers Regenschirm?)
   ···Es ist der blaue dort drüben.

Dialog

Es ist langsam Zeit zu gehen

Yamada, Ichirô: Haben Sie sich schon an das Leben in Japan gewöhnt?
Maria Santos: Ja, es gefällt mir jeden Tag besser.
Yamada, Ichirô: Ach, ja? Herr Santos, wie sieht es mit Ihrer Arbeit aus?
Jose Santos: Nun, ich habe viel zu tun, aber es ist interessant.

Yamada, Tomoko: Möchten Sie noch eine Tasse Kaffee?
Maria Santos: Nein, vielen Dank.

Jose Santos: Oh, schon acht Uhr. Es ist langsam Zeit zu gehen!
Yamada, Ichirô: Oh, wirklich?
Maria Santos: Haben Sie vielen Dank für den heutigen Abend.
Yamada, Tomoko: Es war mir ein Vergnügen! Kommen Sie bald wieder einmal vorbei!

III. Zusatzvokabular & Informationen

色・味 FARBEN & GESCHMACK

色 Farben

Nomen	Adjektiv	Nomen	Adjektiv
白 Weiß	白い	黄色 Gelb	黄色い
黒 Schwarz	黒い	茶色 Braun	茶色い
赤 Rot	赤い	ピンク Pink	—
青 Blau	青い	オレンジ Orange	—
緑 Grün	—	グレー Grau	—
紫 Lila	—	ベージュ Beige	—

味 Geschmack

甘い süß　辛い scharf　苦い bitter　塩辛い salzig

酸っぱい sauer　濃い stark, dick　薄い dünn

春・夏・秋・冬 Frühling, Sommer, Herbst, Winter
Es gibt vier Jahreszeiten in Japan: Frühling (März, April, Mai), Sommer (Juni, Juli, August), Herbst (September, Oktober, November) und Winter (Dezember, Januar, Februar). Die Durchschnittstemperatur ist je nach Ort verschieden, aber das Muster der Temperaturänderung ist überall ungefähr gleich. Der heißeste Monat ist der August. Am kältesten ist es im Januar und Februar. Deshalb sagt man gemäß der Änderung der Temperatur „Der Sommer ist heiß.", „Der Herbst ist kühl.", „Der Winter ist kalt." und „Der Frühling ist warm."

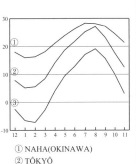

① NAHA(OKINAWA)
② TÔKYÔ
③ ABASHIRI(HOKKAIDÔ)

IV. Grammatik

1. Adjektive

Adjektive werden als 1) Prädikate und 2) nähere Bestimmung von Nomen gebraucht. Sie werden flektiert und werden ihrer Flexion entsprechend in い-Adjektive und な-Adjektive unterteilt.

2.
> Nは な-Adj[な]です
> Nは い-Adj(〜い)です

1) です am Ende des Satzes mit Prädikatsadjektiv drückt die höfliche Haltung des Sprechers gegenüber dem Gesprächspartner aus. In Verbindung mit です bleibt bei い-Adjektiven die Endung い erhalten, bei な-Adjektiven fällt die Endung な vor です weg.

① ワット先生は 親切です。　　　　　Herr Watt ist freundlich.
② 富士山は 高いです。　　　　　　　Der Fuji ist hoch.

です ist die Form am Satzende bei der Bejahung und Nichtvergangenheit.

2) な-Adj[な]じゃ ありません

Die Verneinung von な-Adj[な]です ist な-Adj[な]じゃ ありません (bzw. な-Adj[な]では ありません).

③ あそこは 静かじゃ ありません。　　Dort ist es nicht ruhig.
　　　　　　　(では)

3) い-Adj(〜い)です → 〜くないです

Bei der Verneinung von い-Adj(〜い)です wird die Endung い weggenommen und くない angehängt.

④ この 本は おもしろくないです。　　Dieses Buch ist nicht interessant.

Die Verneinung von いいです ist よくないです.

4) Fragesätze mit Prädikatsadjektiv werden genauso gebildet wie mit Prädikatsnomen und verbalem Prädikat. Bei der Beantwortung wird das Adjektiv im Fragesatz wiederholt. そうです bzw. そうじゃ ありません können nicht verwendet werden.

⑤ ペキンは 寒いですか。　　　　　　Ist es kalt in Peking?
　…はい、寒いです。　　　　　　　　…Ja, es ist kalt.
⑥ 琵琶湖の 水は きれいですか。　　　Ist das Wasser des Biwa-Sees sauber?
　…いいえ、きれいじゃ ありません。　…Nein, es ist nicht sauber.

3.
> な-Adjな N
> い-Adj(〜い) N

Ein Adjektiv wird vor ein Nomen gestellt, um es näher zu bestimmen. な-Adjektive werden mit な vor ein Nomen gesetzt.

⑦ ワット先生は 親切な 先生です。　　Herr Watt ist ein freundlicher Lehrer.
⑧ 富士山は 高い 山です。　　　　　　Der Fuji ist ein hoher Berg.

4. とても／あまり

とても und あまり sind Adverbien des Grades. Bei der näheren Bestimmung des Adjektives stehen die beiden vor dem Adjektiv, das sie bestimmen.

とても bedeutet „sehr" und wird in bejahenden Sätzen verwendet. あまり wird mit einer Negation verwendet und bedeutet „nicht so, nicht sehr".

⑨ ペキンは とても 寒いです。 　　　　In Peking ist es sehr kalt.
⑩ これは とても 有名な 映画です。 　　Das ist ein sehr bekannter Film.
⑪ シャンハイは あまり 寒くないです。 　In Shanghai ist es nicht so kalt.
⑫ さくら大学は あまり 有名な 大学じゃ ありません。
　　Die Sakura Universität ist eine nicht so bekannte Universität.

5. Nは どうですか

Mit dieser Frage kann man nach Eindrücken oder Meinungen über Dinge, Personen oder Orte fragen, die der Gesprächspartner erlebt, getroffen bzw. gesehen hat.

⑬ 日本の 生活は どうですか。
　　…楽しいです。
　　Wie finden Sie das Leben in Japan? (wörtl. Wie ist das Leben in Japan?)
　　…Es macht Spaß.

6. N₁は どんな N₂ですか

Wenn der Sprecher eine Beschreibung oder Erklärung von N₁ wünscht, wird diese Frage verwendet. N₂ bestimmt die Kategorie, zu der N₁ gehört. Nach dem Fragewort どんな folgt immer ein Nomen.

⑭ 奈良は どんな 町ですか。 　　Was ist Nara für eine Stadt?
　　…古い 町です。 　　　　　　　…Es ist eine alte Stadt.

7. S₁が、S₂

が ist in diesem Fall eine Konjunktionspartikel und bedeutet „aber" Wenn man zwei Sätze mit が verbindet, dann werden sie zu einem Satz.

⑮ 日本の 食べ物は おいしいですが、高いです。
　　Japanisches Essen ist lecker, aber teuer.

8. どれ

Dieses Fragewort wird verwendet, wenn der Gesprächspartner aus einer Menge von mehr als zwei konkret bestimmten Dingen eins auswählen bzw. bestimmen soll.

⑯ ミラーさんの 傘は どれですか。
　　…あの 青い 傘です。
　　Welcher Regenschirm gehört Herrn Miller? (wörtl. Welcher ist Herr Millers Regenschirm?)
　　…Es ist der blaue dort drüben.

Lektion 9

I. Vokabular

わかります		verstehen, begreifen
あります		haben, besitzen
すき [な]	好き [な]	mögen
きらい [な]	嫌い [な]	hassen (nicht mögen)
じょうず [な]	上手 [な]	geschickt
へた [な]	下手 [な]	ungeschickt
りょうり	料理	Essen, Gericht, Kochen
のみもの	飲み物	Getränke
スポーツ		Sport (～を します: Sport treiben)
やきゅう	野球	Baseball (～を します: Baseball spielen)
ダンス		Tanz (～を します: tanzen)
おんがく	音楽	Musik
うた	歌	Lied
クラシック		klassische Musik
ジャズ		Jazz
コンサート		Konzert
カラオケ		Karaoke
かぶき	歌舞伎	Kabuki (traditionelles jap. musikalisches Drama)
え	絵	Gemälde, Bild
じ	字	Zeichen
かんじ	漢字	Kanji (sinojapanische Schriftzeichen)
ひらがな		Hiragana(-schrift)
かたかな		Katakana(-schrift)
ローマじ	ローマ字	lateinische Schrift
こまかい おかね	細かい お金	Kleingeld
チケット		Eintrittskarte (für Konzert, Kino, etc.)
じかん	時間	(Uhr-)Zeit
ようじ	用事	et. zu erledigen haben, Angelegenheit
やくそく	約束	Versprechen, Verabredung

ごしゅじん	ご主人	Ehemann (einer anderen Person)
おっと／しゅじん	夫／主人	(mein) Ehemann
おくさん	奥さん	Ehefrau (einer anderen Person)
つま／かない	妻／家内	(meine) Ehefrau
こども	子ども	Kind
よく		gut (Adverb)
だいたい		größtenteils, ungefähr, meistens
たくさん		viel/e
すこし	少し	ein bisschen, ein wenig
ぜんぜん	全然	überhaupt nicht (nur in Verbindung mit Negationen)
はやく	早く、速く	früh, schnell
～から		weil ～
どうして		warum
ざんねんです[ね]。	残念です[ね]。	Das ist schade.
すみません。		Es tut mir leid./ Verzeihung.

◁ 会話 ▷

もしもし	Hallo! (nur am Telefon)
ああ	Ah ja! (man hat verstanden, wer anruft)
いっしょに いかがですか。	Wollen Sie nicht mit mir kommen?
[～は] ちょっと……。	[～] ist etwas ungünstig. (wird bei einer höflichen und indirekten Absage verwendet)
だめですか。	Es geht also nicht? (die Absage bestätigen)
また 今度 お願いします。	Fragen Sie mich bitte ein anderes Mal. (wird bei einer höflichen und indirekten Absage verwendet)

~~~~~~~~~~~~~~~~~~~~~~~~~~~~~~~~~~~~

小沢 征爾 (おざわ せいじ)	berühmter japanischer Dirigent (1935-)

II. Übersetzungen

Satzstrukturen

1. Ich mag italienisches Essen.
2. Ich verstehe ein bisschen Japanisch.
3. Weil mein Kind heute Geburtstag hat (wörtl. Weil heute der Geburtstag meines Kindes ist), gehe ich früh nach Hause.

Beispielesätze

1. Mögen Sie Alkohol?
   ···Nein, ich mag keinen Alkohol.
2. Welchen Sport mögen Sie?
   ···Ich mag Fußball.
3. Kann Karina gut Bilder malen? (wörtl. Ist Karina im Malen geschickt?)
   ···Ja, sie kann es sehr gut.
4. Herr/Frau Tanaka, verstehen Sie Indonesisch?
   ···Nein, ich verstehe es überhaupt nicht.
5. Haben Sie Kleingeld? (wörtl. Gibt es (bei Ihnen) Kleingeld?)
   ···Nein, ich habe keins.
6. Lesen Sie jeden Morgen die Zeitung?
   ···Nein, weil ich keine Zeit habe (wörtl. ~ weil es (bei mir) keine Zeit gibt), lese ich sie nicht.
7. Warum sind Sie gestern früh nach Hause gegangen?
   ···Weil ich etwas zu erledigen hatte.

Dialog

Das ist schade

Miller: Hallo, hier ist Miller.
Kimura: Oh, Herr Miller! Guten Abend! Wie geht es Ihnen?
Miller: Danke, gut!
   Frau Kimura, wollen Sie nicht mit mir zu einem Konzert von Seiji Ozawa gehen?
Kimura: Das klingt gut. Wann denn?
Miller: Nächsten Freitagabend.
Kimura: Freitag?
   Freitagabend ist etwas ungünstig.
Miller: Sie können also nicht mitkommen?
Kimura: Nein, ich habe schon eine Verabredung mit einem Freund/einer Freundin.
Miller: Ach so. Das ist aber schade.
Kimura: Ja. Dann vielleicht ein anderes Mal.

III. Zusatzvokabular & Informationen

音楽・スポーツ・映画   MUSIK, SPORT & FILME

音楽 Musik

ポップス	Pop
ロック	Rock
ジャズ	Jazz
ラテン	lateinamerikanische Musik
クラシック	Klassik
民謡	Volkslied
演歌	japanischer volkstümlicher Schlager
ミュージカル	Musical
オペラ	Oper

映画 Filme

SF	Science-Fiction
ホラー	Horror
アニメ	Zeichentrickfilm
ドキュメンタリー	Dokumentarfilm
恋愛	Liebesfilm
ミステリー	Krimi
文芸	Literaturverfilmung
戦争	Kriegsfilm
アクション	Actionfilm
喜劇	Komödie

スポーツ Sport

ソフトボール	Softball	野球	Baseball
サッカー	Fußball	卓球／ピンポン	Tischtennis
ラグビー	Rugby	相撲	Sumô
バレーボール	Volleyball	柔道	Jûdô
バスケットボール	Basketball	剣道	japanischer Schwertkampf
テニス	Tennis		
ボーリング	Bowling	水泳	Schwimmen
スキー	Ski		
スケート	Eislaufen		

IV. Grammatik

1. Nが あります／わかります
   Nが 好きです／嫌いです／上手です／下手です

   Objekte in Verbindung mit transitiven Verben werden grundsätzlich mit der Partikel を gekennzeichnet. Eine Ausnahme bilden あります und わかります. Die Objekte dieser Verben werden mit der Partikel が gekennzeichnet.

   Einige Adjektive wie すきです, きらいです, じょうずです und へたです benötigen ein Objekt. Dieses Objekt wird auch mit der Partikel が gekennzeichnet. Verben und Adjektive, deren Objekte mit が markiert werden, beschreiben meistens Vorlieben, Wünsche, Fähigkeiten, Besitztümer, etc.

   ① わたしは イタリア料理が 好きです。　　Ich mag italienisches Essen.
   ② わたしは 日本語が わかります。　　　　Ich verstehe Japanisch.
   ③ わたしは 車が あります。　　　　　　　Ich habe ein Auto.

2. どんな N

   Es gibt eine weitere Verwendung von どんな (vgl. L. 8). Der Gefragte wird gebeten, einen konkreten Namen von Dingen oder Sachen aus einer Gruppe zu nennen, die durch das Nomen nach どんな bestimmt wird.

   ④ どんな スポーツが 好きですか。　　　　Welchen Sport mögen Sie?
   　…サッカーが 好きです。　　　　　　　　…Ich mag Fußball.

3. よく／だいたい／たくさん／少し／あまり／全然

   Dies sind Adverbien und werden vor Verben gestellt, die sie näher bestimmen. Hier eine Zusammenfassung ihrer Anwendung.

Grad	Adverb + Bejahung	Adverb + Verneinung
hoch ↕ niedrig	よく　　わかります	
	だいたい　わかります	
	すこし　わかります	あまり　わかりません
		ぜんぜん　わかりません

Menge	Adverb + Bejahung	Adverb + Verneinung
viel ↕ wenig	たくさん あります	
	すこし　あります	あまり　ありません
		ぜんぜん ありません

⑤ 英語が よく わかります。　　　　　Ich verstehe Englisch gut.
⑥ 英語が 少し わかります。　　　　　Ich verstehe ein bisschen Englisch.
⑦ 英語が あまり わかりません。　　　Ich verstehe Englisch nicht so gut.
⑧ お金が たくさん あります。　　　　Ich habe viel Geld.
⑨ お金が 全然 ありません。　　　　　Ich habe überhaupt kein Geld.

[Anm.] すこし und ぜんぜん können auch Adjektive näher bestimmen.

⑩ ここは 少し 寒いです。　　　　　　Hier ist es ein bisschen kalt.
⑪ あの 映画は 全然 おもしろくないです。
　　Dieser Film ist überhaupt nicht interessant.

4. S_1 から、S_2

から verbindet zwei Sätze zu einem Satz, wobei S_1 den Grund für S_2 darstellt.

⑫ 時間が ありませんから、新聞を 読みません。
　　Weil ich keine Zeit habe, lese ich keine Zeitung.

Man kann auch S_2 zuerst nennen und danach den Grund in Form von S_1 から hinzufügen.

⑬ 毎朝 新聞を 読みますか。
　　…いいえ、読みません。時間が ありませんから。
　　Lesen Sie jeden Morgen die Zeitung?
　　…Nein(, ich lese sie nicht), weil ich keine Zeit habe. (wörtl. Nein, ich lese sie nicht.
　　　Denn es gibt keine Zeit.)

5. どうして

Mit dem Fragewort どうして kann nach dem Grund gefragt werden. Die Antwort benötigt から am Ende des Satzes.

⑭ どうして 朝 新聞を 読みませんか。
　　…時間が ありませんから。
　　Warum lesen Sie morgens keine Zeitung?
　　…Weil ich keine Zeit habe.

Wenn man nach dem Grund für die Aussage des Sprechers fragt, kann man どうしてですか verwenden, statt mit どうして die Aussage des Sprechers zu wiederholen.

⑮ きょうは 早く 帰ります。
　　…どうしてですか。
　　子どもの 誕生日ですから。
　　Ich gehe heute früh nach Hause.
　　…Warum?
　　Weil heute mein Kind Geburtstag hat. (wörtl. Weil heute der Geburtstag meines Kindes
　　　ist.)

Lektion 10

I. Vokabular

います		(da) sein, existieren, es gibt 〜, sich befinden (für Lebewesen)
あります		(da) sein, existieren, es gibt 〜, sich befinden (für Gegenstände)
いろいろ[な]		verschiedene
おとこの ひと	男の人	Mann
おんなの ひと	女の人	Frau
おとこの こ	男の子	Junge
おんなの こ	女の子	Mädchen
いぬ	犬	Hund
ねこ	猫	Katze
き	木	Baum
もの	物	Ding, Gegenstand
フィルム		Film (für die Kamera)
でんち	電池	Batterie
はこ	箱	Schachtel, Kasten, Kiste
スイッチ		Schalter
れいぞうこ	冷蔵庫	Kühlschrank
テーブル		(Ess-)Tisch
ベッド		Bett
たな	棚	Regal
ドア		Tür
まど	窓	Fenster
ポスト		Briefkasten (z.B. vor der Post)
ビル		Gebäude
こうえん	公園	Park
きっさてん	喫茶店	Café
ほんや	本屋	Buchladen
〜や	〜屋	〜geschäft, 〜laden
のりば	乗り場	Halteplatz (Taxi, Bus etc.)
けん	県	Präfektur

うえ	上	oben, über, auf
した	下	unten, unter
まえ	前	vor, vorne
うしろ		hinter, hinten
みぎ	右	rechts
ひだり	左	links
なか	中	innen
そと	外	außen
となり	隣	neben (Nachbar)
ちかく	近く	in der Nähe, nahe bei
あいだ	間	zwischen
そば		
〜や 〜［など］		〜, 〜, ［usw.］
いちばん 〜		der/die/das 〜te (いちばん うえ: der/die/das oberste)
－だんめ	－段目	das －te Regal (だん ist das Zähleinheitssuffix für Regale)

◁ 会 話 ▷

［どうも］すみません。	Vielen Dank!
チリソース	Chilisoße
奥 (おく)	da hinten
スパイス・コーナー	Gewürzecke

~~~~~~~~~~~~~~~~~~~~~~~~~~~~~~~~~

東京 (とうきょう) ディズニーランド	Tôkyô Disneyland
ユニューヤ・ストア	fiktiver Supermarkt

II. Übersetzungen

Satzstrukturen

1. Dort drüben ist Frau Satô.
2. Auf dem Tisch liegt ein Foto.
3. Meine Familie ist in New York.
4. Tôkyô Disneyland ist in der Präfektur Chiba.

Beispielsätze

1. Sehen Sie den Mann dort drüben? (wörtl. Dort drüben ist ein Mann, nicht wahr ?)
   Wer ist das? (wörtl. Wer ist die Person dort drüben?)
   ⋯Das ist Herr Matsumoto von IMC.
2. Gibt es hier in der Nähe ein Telefon?
   ⋯Ja, dort drüben ist eins.
3. Wer ist im Garten?
   ⋯Es ist niemand da. Eine Katze ist da.
4. Was ist in der Schachtel?
   ⋯Es sind alte Briefe, Fotos usw.
5. Wo ist Herr Miller?
   ⋯Er ist im Konferenzzimmer.
6. Wo ist das Postamt?
   ⋯Es ist in der Nähe des Bahnhofs. Vor der Bank.

Dialog

Hätten Sie vielleicht Chilisoße?

Miller:	Entschuldigen Sie. Wo ist der Yunyûya Store?
Frau:	Der Yunyûya Store?
	Sehen Sie das weiße Gebäude dort drüben?
	Er ist in dem Gebäude.
Miller:	Ach so, vielen Dank!
Frau:	Keine Ursache!

Miller:	Entschuldigen Sie. Hätten Sie vielleicht Chilisoße?
Verkäufer:	Ja.
	Unsere Gewürzecke befindet sich hinten rechts.
	Chilisoße ist im zweiten Regal von unten.
Miller:	Ich habe verstanden. Danke schön!

III. Zusatzvokabular & Informationen

うちの中　　IM HAUS

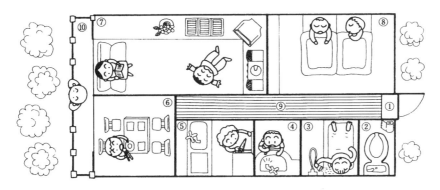

① 玄関 (げんかん)　　Eingang
② トイレ　　Toilette
③ 風呂場 (ふろば)　　Bad
④ 洗面所 (せんめんじょ)　　Waschraum
⑤ 台所 (だいどころ)　　Küche
⑥ 食堂 (しょくどう)　　Esszimmer
⑦ 居間 (いま)　　Wohnzimmer
⑧ 寝室 (しんしつ)　　Schlafzimmer
⑨ 廊下 (ろうか)　　Flur
⑩ ベランダ　　Balkon

 Wie man ein japanisches Bad benutzt

① Man wäscht sich zunächst vor der Badewanne, spült sich gut ab und steigt dann ins Wasser.

② Seife oder Handtuch sollten nie in der Wanne benutzt werden. Das Bad dient lediglich dazu, sich aufzuwärmen und zu entspannen.

③ Nach dem Bad lässt man das Wasser nicht ab, da noch andere baden wollen. Um das Wasser warm zu halten, deckt man die Wanne mit dem dafür vorgesehenen Deckel ab.

Wie man eine Toilette benutzt

japanische Toilette　　westliche Toilette

IV. Grammatik

1. Nが あります／います

   Diese Satzstruktur wird verwendet, um die Existenz von Personen oder Gegenständen zu beschreiben. Die existierende Person bzw. der existierende Gegenstand wird in diesem Satz als Subjekt behandelt und mit der Partikel が gekennzeichnet.

   1) あります wird für Subjekte wie z.B. Gegenstände oder Pflanzen, die sich nicht von selbst bewegen können, verwendet.
      - ① コンピューターが あります。　　　Es gibt einen Computer.
      - ② 桜が あります。　　　　　　　　　Es gibt Kirschbäume.
      - ③ 公園が あります。　　　　　　　　Es gibt einen Park.

   2) います wird für Subjekte wie z.B. Menschen oder Tiere, die sich von selbst bewegen können, verwendet.
      - ④ 男の 人が います。　　　　　　　Es gibt einen Mann.
      - ⑤ 犬が います。　　　　　　　　　　Es gibt einen Hund.

2. N_1 (Ort)に N_2が あります／います

   1) Der Ort, an dem sich N_2 befindet, wird mit der Partikel に gekennzeichnet.
      - ⑥ わたしの 部屋に 机が あります。　In meinem Zimmer ist ein Tisch.
      - ⑦ 事務所に ミラーさんが います。　　Herr Miller ist im Büro.

   2) Mit dieser Satzstruktur kann man auch erfragen, wer oder was sich an einem Ort befindet. Das Fragewort なに wird für Gegenstände verwendet, das Fragewort だれ für Personen.
      - ⑧ 地下に 何が ありますか。　　　　Was befindet sich im Untergeschoss?
        …レストランが あります。　　　　…(Da ist) ein Restaurant.
      - ⑨ 受付に だれが いますか。　　　　Wer ist am Empfang?
        …木村さんが います。　　　　　　…Frau Kimura (ist da).

3. N_1は N_2 (Ort)に あります／います

   1) In dieser Satzstruktur greift der Sprecher N_1 als Thema auf und beschreibt, wo es sich befindet. Das Thema sollte dabei sowohl dem Sprecher als auch dem Gesprächspartner bekannt sein. N_1 wird nicht mit der Partikel が für Subjekte gekennzeichnet, sondern mit der für die Markierung des Themas zuständige Partikel は, weil N_1 hier das Thema des Satzes ist.
      - ⑩ 東京ディズニーランドは 千葉県に あります。
        Tôkyô Disneyland ist in der Präfektur Chiba.
      - ⑪ ミラーさんは 事務所に います。　　Herr Miller ist im Büro.

   2) Um zu fragen, wo sich N_1 befindet, wird diese Satzstruktur verwendet.
      - ⑫ 東京ディズニーランドは どこに ありますか。　Wo ist Tôkyô Disneyland?
        …千葉県に あります。　　　　　　　　　　　…Es ist in der Präfektur Chiba.
      - ⑬ ミラーさんは どこに いますか。　　　　　　Wo ist Herr Miller?
        …事務所に います。　　　　　　　　　　　　…Er ist im Büro.

[Anm.] です kann ein verbales Prädikat ersetzen, wenn das Prädikat bekannt ist. Der Satz N_1 は N_2 (Ort)に あります／います kann durch den Satz N_1 は N_2 (Ort)です ersetzt werden. (s. L. 3)

⑭ 東京ディズニーランドは どこに ありますか。
　…千葉県です。
　　Wo ist Tôkyô Disneyland?
　　…In der Präfektur Chiba. (wörtl. Präfektur Chiba.)

4. N_1 (Gegenstand, Person, Ort)の N_2 (Position)

うえ, した, まえ, うしろ, みぎ, ひだり, なか, そと, となり, ちかく und あいだ sind Nomina, die eine Position beschreiben.

⑮ 机の 上に 写真が あります。　　Auf dem Tisch liegt ein Bild.
⑯ 郵便局は 銀行の 隣に あります。　Das Postamt ist neben der Bank.

[Anm.] Da es sich um Nomina handelt, die einen Ort beschreiben, können sie wie bei anderen Nomina, die Orte beschreiben, nicht nur vor der Partikel に, sondern auch vor der Partikel で, etc. stehen.

⑰ 駅の 近くで 友達に 会いました。
　　Ich habe in der Nähe des Bahnhofs einen Freund/eine Freundin getroffen.

5. N_1 や N_2

Die Partikel や verbindet Nomina in Aufzählungen. Die Partikel と wird bei einer vollständigen Aufzählung verwendet. Mit der Partikel や werden nur einige typische Beispiele (ab zwei Beispielen) genannt. など kann dabei hinter das letzte Nomen der Aufzählung gesetzt werden, um deutlicher zu zeigen, dass die Aufzählung nicht vollständig ist.

⑱ 箱の 中に 手紙や 写真が あります。
　　In der Schachtel sind Briefe, Fotos usw.
⑲ 箱の 中に 手紙や 写真などが あります。
　　In der Schachtel sind Briefe, Fotos usw.

6. Wort/Wörterですか

Die Fragepartikel か dient hier zur Rückbestätigung. Der Sprecher greift ein Wort oder Wörter auf und bestätigt sie mit dieser Satzstruktur.

⑳ すみません。ユニューヤ・ストアは どこですか。
　…ユニューヤ・ストアですか。あの ビルの 中です。
　　Entschuldigen Sie. Wo ist der Yunyûya Store?
　　…Der Yunyûya Store? Er ist in dem Gebäude da drüben.

7. チリソースは ありませんか

Der Ausdruck チリソースは ありませんか kam im Dialog dieser Lektion vor. Mit der Verwendung der negativen Form ありませんか an Stelle von ありますか wird er mit Rücksicht auf die negative Antwort „Es gibt keine (Chilisoße)" zu einer indirekten Frage, die dann eine höfliche Haltung des Sprechers mitteilt.

Lektion 11

I. Vokabular

います [こどもが 〜]	[子どもが 〜]	[ein Kind] haben
います [にほんに 〜]	[日本に 〜]	[in Japan] sein
かかります		kosten, dauern (in Bezug auf Zeit oder Geld)
やすみます [かいしゃを 〜]	休みます [会社を 〜]	[in der Firma (od. Schule)] freinehmen
ひとつ	1つ	ein/e (zum Zählen von Gegenständen), eins
ふたつ	2つ	zwei
みっつ	3つ	drei
よっつ	4つ	vier
いつつ	5つ	fünf
むっつ	6つ	sechs
ななつ	7つ	sieben
やっつ	8つ	acht
ここのつ	9つ	neun
とお	10	zehn
いくつ		wie viel/e
ひとり	1人	eine Person
ふたり	2人	zwei Personen
－にん	－人	－ Personen
－だい	－台	(Zähleinheitssuffix für Maschinen, Autos, etc.)
－まい	－枚	(Zähleinheitssuffix für dünne, flache Gegenstände, z.B. Blätter, Briefmarken, etc.)
－かい	－回	－ Mal
りんご		Apfel
みかん		Mandarine
サンドイッチ		Sandwich
カレー［ライス］		Curry [mit Reis]
アイスクリーム		Eiscreme
きって	切手	Briefmarke
はがき		Postkarte
ふうとう	封筒	Briefumschlag
そくたつ	速達	Eilzustellung, Eilpost
かきとめ	書留	Einschreiben

エアメール 　（こうくうびん）	 （航空便）	Luftpost
ふなびん	船便	Seepost
りょうしん	両親	Eltern
きょうだい	兄弟	Geschwister
あに	兄	(mein) älterer Bruder
おにいさん	お兄さん	älterer Bruder (einer anderen Person)
あね	姉	(meine) ältere Schwester
おねえさん	お姉さん	ältere Schwester (einer anderen Person)
おとうと	弟	(mein) jüngerer Bruder
おとうとさん	弟さん	jüngerer Bruder (einer anderen Person)
いもうと	妹	(meine) jüngere Schwester
いもうとさん	妹さん	jüngere Schwester (einer anderen Person)
がいこく	外国	Ausland
－じかん	－時間	－Stunden
－しゅうかん	－週間	－Wochen
－かげつ	－か月	－Monate
－ねん	－年	－Jahre
〜ぐらい		ungefähr 〜
どのくらい		wie lange
ぜんぶで	全部で	insgesamt
みんな		alle/s
〜だけ		nur 〜
いらっしゃいませ。		Willkommen! Kann ich Ihnen helfen? (So werden Kunden in Geschäften, Restaurants, etc. begrüßt)

◀会 話▶

いい［お］天気ですね。	Schönes Wetter, nicht wahr?
お出かけですか。	Gehen Sie aus? (Begrüßung, wenn man jn. aus der Nachbarschaft trifft)
ちょっと 〜まで。	Ich gehe nur mal eben zu 〜, kurz zu 〜./ Ich bin auf dem Weg zu 〜. (Antwort auf die Begrüßung)
行って いらっしゃい。	Tschüss!/ Bis später!/ Bis dann! (wörtl. Gehen Sie und kommen Sie wieder. Verabschiedung, wenn jd. das Haus verlässt)
行って まいります。	Tschüss!/ Bis später!/ Bis dann! (wörtl. Ich gehe und komme wieder. Verabschiedung, wenn man selbst das Haus verlässt)
それから	und dann, des Weiteren (um et. hinzuzufügen)

〰〰〰〰〰〰〰〰〰〰〰〰〰〰〰〰〰

オーストラリア	Australien

II. Übersetzungen

Satzstrukturen

1. Im Konferenzraum sind sieben Tische.
2. Ich werde ein Jahr in Japan bleiben.

Beispielsätze

1. Wie viele Äpfel haben Sie gekauft?
   ···Ich habe vier Stück gekauft.
2. Fünf 80-Yen-Briefmarken und zwei Postkarten bitte.
   ···Bitte. Das macht zusammen 500 Yen.
3. Gibt es an der Fuji Universität ausländische Lehrer?
   ···Ja, es gibt drei. Sie sind alle Amerikaner.
4. Wie viele sind Sie in Ihrer Familie?
   ···Wir sind zu fünft. Meine Eltern, meine ältere Schwester, mein älterer Bruder und ich. (wörtl. Ich habe Eltern, eine ältere Schwester und einen älteren Bruder.)
5. Wie oft in der Woche spielen Sie Tennis?
   ···(Ich spiele) ungefähr zwei Mal pro Woche.
6. Herr/Frau Tanaka, wie lange haben Sie Spanisch gelernt?
   ···(Ich habe) drei Monate (lang gelernt).
   Was? Nur drei Monate? Dafür sprechen Sie aber gut! (wörtl. Sie sind ja geschickt!)
7. Wie lange dauert es von Ôsaka bis Tôkyô mit dem Shinkansen?
   ···Es dauert zweieinhalb Stunden.

Dialog

Ich möchte das hier schicken, bitte!

Hausmeister:	Schönes Wetter, nicht wahr? Gehen Sie weg?
Wang:	Ja, ich gehe kurz zur Post.
Hausmeister:	Ach so? Tja, bis später!
Wang:	Ja, bis dann!

Wang:	Ich möchte das hier bitte per Eilzustellung schicken.
Postangestellter:	Sicher! Nach Australien? Das macht 370 Yen.
Wang:	Und dann noch dieses Päckchen.
Postangestellter:	Mit See- oder Luftpost?
Wang:	Wie viel kostet es mit Seepost?
Postangestellter:	500 Yen.
Wang:	Wie lange wird es dauern?
Postangestellter:	Ungefähr einen Monat.
Wang:	Gut, dann bitte per Seepost.

III. Zusatzvokabular & Informationen

メニュー　　SPEISEKARTE

定食(ていしょく)	Menü		
ランチ	Mittagsmenü		
天(てん)どん	Schüssel Reis mit frittiertem Fisch und Gemüse	カレーライス	Curryreis
親子(おやこ)どん	Schüssel Reis mit Huhn und Ei	ハンバーグ	Hamburgersteak
牛(ぎゅう)どん	Schüssel Reis mit Rindfleisch	コロッケ	Kroketten
		えびフライ	frittierte Schrimps/Garnelen
焼肉(やきにく)	gegrilltes Rindfleisch	フライドチキン	frittiertes Huhn
野菜(やさい)いため	gebratenes Gemüse		
漬物(つけもの)	sauer eingelegtes Gemüse	サラダ	Salat
みそ汁(しる)	Misosuppe	スープ	Suppe
おにぎり	Reisbällchen	スパゲティー	Spaghetti
		ピザ	Pizza
てんぷら	frittiertes Gemüse oder Fisch	ハンバーガー	Hamburger
すし	gesäuerter Reis mit rohem Fisch	サンドウィッチ	Sandwich
		トースト	Toast
うどん	japanische Nudeln aus Weizenmehl		
そば	japanische Nudeln aus Buchweizenmehl		
ラーメン	chinesische Nudeln in Suppe mit Fleisch und Gemüse		
焼(や)きそば	chinesische gebratene Nudeln mit Schweinefleisch und Gemüse	コーヒー	Kaffee
		紅茶(こうちゃ)	schwarzer Tee
お好(この)み焼(や)き	eine Art Pfannkuchen mit Fleisch und Gemüse gebacken	ココア	Kakao
		ジュース	Saft
		コーラ	Cola

IV. Grammatik

1. Ausdrücke für Zahlen und Mengen

1) ひとつ, ふたつ……とお

　　Mit diesen Wörtern zählt man Dinge von eins bis zehn. Ab elf werden die normalen Zahlen verwendet.

2) Zähleinheitssuffixe

　　Wenn man Menschen oder Dinge zählt oder eine Menge von Dingen bestimmen möchte, dann verwendet man verschiedene Zähleinheitssuffixe je nach Art der Gegenstände. Sie werden der Zahl nachgestellt.

にん －人	Personen; außer eins und zwei. In diesen Fällen werden ひとり (1人) und ふたり (2人) verwendet. 4人 wird よにん gelesen.
だい －台	Maschinen, Fahrzeuge z.B. Autos, Fahrräder, etc.
まい －枚	flache, dünne Gegenstände z.B. Blätter, Hemden, Teller, CDs
かい －回	Mal
ふん －分	Minuten
じかん －時間	Stunden
にち －日	Tage Die Anzahl der Tage sind gleich wie die Datumsangaben. Allerdings ist ein Tag nicht ついたち sondern いちにち.
しゅうかん －週間	Wochen
げつ －か月	Monate
ねん －年	Jahre

　　Weitere Zähleinheitssuffixe sind im Anhang aufgeführt.

3) Anwendung der Zahlwörter

　　Die Wörter, die aus einer Zahl und einem Zähleinheitssuffix bestehen, nennt man Zahlwörter. Sie stehen normalerweise unmittelbar vor dem Verb, das sie näher bestimmt. Die Zahlwörter, die eine Zeitdauer beschreiben, bilden manchmal eine Ausnahme.

　　① りんごを 4つ 買いました。　　　　　　　Ich habe vier Äpfel gekauft.
　　② 外国人の 学生が 2人 います。　　　　　　Es gibt zwei ausländische Studenten.
　　③ 国で 2か月 日本語を 勉強しました。
　　　　Ich habe in meinem Land zwei Monate Japanisch gelernt.

4) Fragewörter

　(1) Das Fragewort いくつ wird verwendet, um die Anzahl von Dingen zu erfragen, die mit ひとつ, ふたつ, etc. gezählt werden.

　　④ みかんを いくつ 買いましたか。
　　　　…8つ 買いました。
　　　　Wie viele Mandarinen haben Sie gekauft?
　　　　…Ich habe acht Stück gekauft.

(2) Das Fragewort なん wird in Verbindung mit Zähleinheitssuffixen verwendet, um nach der Anzahl zu fragen.

⑤ この 会社に 外国人が 何人 いますか。
　　…5人 います。
　　Wie viele Ausländer sind in dieser Firma?
　　…(Es sind) fünf.

⑥ 毎晩 何時間 日本語を 勉強しますか。
　　…2時間 勉強します。
　　Wie viele Stunden lernen Sie jeden Abend Japanisch?
　　…(Ich lerne) zwei Stunden.

(3) Mit dem Fragewort どのくらい wird nach der Zeitdauer gefragt. In der Antwort können verschiedene Zeiteinheiten verwendet werden.

⑦ どのくらい 日本語を 勉強しましたか。
　　…3年 勉強しました。
　　Wie lange haben Sie Japanisch gelernt?
　　…(Ich habe) drei Jahre (gelernt).

⑧ 大阪から 東京まで どのくらい かかりますか。
　　…新幹線で 2時間半 かかります。
　　Wie lange dauert es von Ôsaka bis Tôkyô?
　　…(Es dauert) mit dem Shinkansen zweieinhalb Stunden.

5) ぐらい

ぐらい wird nach einem Zahlwort verwendet und bedeutet „ungefähr".

⑨ 学校に 先生が 30人ぐらい います。
　　Es sind ungefähr 30 Lehrer an der Schule.

⑩ 15分ぐらい かかります。　　Es dauert ungefähr 15 Minuten.

2. Zahlwort (Zeitdauer)に －回 V

Mit dieser Konstruktion kann man ausdrücken, wie oft man etwas tut.

⑪ 1か月に 2回映画を 見ます。　　Ich gehe zweimal pro Monat ins Kino.

3. Zahlwortだけ／Nだけ

だけ bedeutet „nur". Es wird an ein Zahlwort oder ein Nomen angeschlossen, um zu zeigen, dass nicht mehr als die angegebene Menge vorhanden ist.

⑫ パワー電気に 外国人の 社員が 1人だけ います。
　　Es gibt nur einen ausländischen Angestellten bei Power Electric.

⑬ 休みは 日曜日だけです。
　　Ich habe nur sonntags frei. (wörtl. Freier Tag ist nur Sonntag.)

Lektion 12

I. Vokabular

かんたん［な］	簡単［な］	einfach, leicht
ちかい	近い	nah
とおい	遠い	fern, weit
はやい	速い、早い	früh, schnell
おそい	遅い	spät, langsam
おおい	多い	viel, viele [Menschen]
［ひとが ～］	［人が ～］	
すくない	少ない	wenig, wenige [Menschen]
［ひとが ～］	［人が ～］	
あたたかい	暖かい、温かい	warm
すずしい	涼しい	kühl
あまい	甘い	süß
からい	辛い	scharf
おもい	重い	schwer
かるい	軽い	leicht
いい		[Kaffee] bevorzugen (von zwei Möglichkeiten),
［コーヒーが ～］		[Kaffee] ist mir lieber
きせつ	季節	Jahreszeit
はる	春	Frühling
なつ	夏	Sommer
あき	秋	Herbst
ふゆ	冬	Winter
てんき	天気	Wetter
あめ	雨	Regen
ゆき	雪	Schnee
くもり	曇り	bewölktes Wetter
ホテル		Hotel
くうこう	空港	Flughafen
うみ	海	Meer
せかい	世界	Welt

パーティー		Party (〜を します: eine Party geben)
[お]まつり	[お]祭り	Fest, Festival
しけん	試験	Prüfung
すきやき	すき焼き	Sukiyaki (Rindfleisch und Gemüse, wird am Tisch zubereitet)
さしみ	刺身	Sashimi (in Scheiben geschnittener roher Fisch)
[お]すし		Sushi (gesäuerter Reis mit rohem Fisch belegt)
てんぷら		frittiertes Gemüse oder Fisch
いけばな	生け花	Ikebana (Blumensteckkunst, 〜を します: Ikebana machen)
もみじ	紅葉	Ahorn, rote Ahornblätter im Herbst
どちら		welche/r/s (von zwei Möglichkeiten)
どちらも		beide/s
ずっと		bei weitem
はじめて	初めて	zum ersten Mal

◁ 会話 ▷

ただいま。	Bin wieder da! (Begrüßung, wenn man nach Hause kommt)
お帰りなさい。	Schön, dass Sie/du wieder da sind/bist! (wörtl. Kommen Sie zurück nach Hause! Begrüßung, wenn jd. nach Hause kommt)
すごいですね。	Das ist beeindruckend!/ Das ist ja großartig!
でも	aber
疲れました。	Ich bin müde./ Es war anstrengend.

～～～～～～～～～～～～～～～～～～～～～～～～

祇園祭	Gion Fest (das bekannteste Fest in Kyôto)
ホンコン	Hongkong (香港)
シンガポール	Singapur
毎日屋	fiktiver Supermarkt
ＡＢＣストア	fiktiver Supermarkt
ジャパン	fiktiver Supermarkt

II. Übersetzungen

Satzstrukturen

1. Gestern hat es geregnet. (wörtl. Gestern war Regen.)
2. Gestern war es kalt.
3. Hokkaidô ist größer als Kyûshû.
4. Ich mag den Sommer am liebsten im Jahr.

Beispielsätze

1. War es ruhig in Kyôto?
   ···Nein, es war nicht ruhig.
2. Hat Ihnen die Reise Spaß gemacht? (wörtl. War die Reise schön?)
   ···Ja, sie hat mir sehr viel Spaß gemacht. (wörtl. Ja, sie war sehr schön.)
3. War das Wetter gut?
   ···Nein, es war nicht so gut.
4. Wie war die Party gestern?
   ···Es war viel los. Ich habe viele Leute getroffen.
5. Hat Tôkyô mehr Einwohner als New York?
   ···Ja, es sind bei weitem mehr.
6. Was ist schneller bis zum Flughafen, der Bus oder der Zug? (wörtl. Welches ist ～?)
   ···Der Zug ist schneller.
7. Mögen Sie lieber das Meer oder die Berge? (wörtl. Welches ist Ihnen lieber, das Meer oder die Berge?)
   ···Ich mag beides.
8. Welches japanische Essen mögen Sie am liebsten? (wörtl. Was ist Ihnen von dem japanischen Essen am liebsten?)
   ···Ich mag am liebsten Tempura.

Dialog

Wie war das Fest?

Miller:	Hallo, ich bin wieder da.
Hausmeister:	Hallo!
Miller:	Hier, bitte, ein Souvenir aus Kyôto für Sie!
Hausmeister:	Danke schön! Wie war das Gion Fest?
Miller:	Sehr interessant.
	Es waren auch viele Ausländer da.
Hausmeister:	Das Gion Fest ist ja auch das bekannteste Fest in Kyôto.
Miller:	Ach so?
Hausmeister:	Haben Sie Fotos gemacht?
Miller:	Ja, ca. 100 (Fotos).
Hausmeister:	Das sind aber viele!
Miller:	Ja, es war aber auch etwas anstrengend.

III. Zusatzvokabular & Informationen

祭りと名所　FESTE & SEHENSWÜRDIGKEITEN

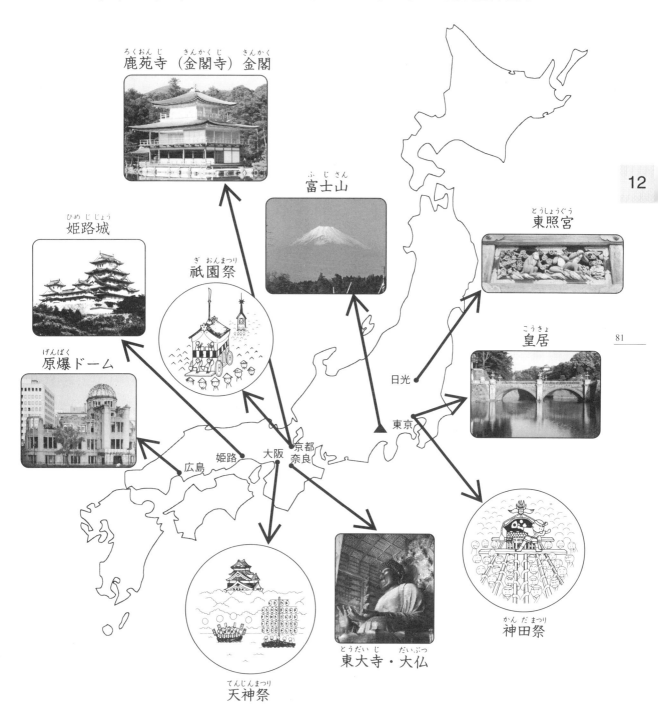

IV. Grammatik

1. Sätze mit Prädikatsnomen und Prädikatsadjektiv (な-Adjektiv) in der Vergangenheit

	Nichtvergangenheit (Gegenwart/Zukunft)	Vergangenheit
Bejahung	N / な-Adj あめ / しずか です	N / な-Adj あめ / しずか でした
Verneinung	N / な-Adj あめ / しずか じゃ ありません（では）	N / な-Adj あめ / しずか じゃ ありませんでした（では）

① きのうは 雨でした。　　　　　　　Gestern hat es geregnet.
② きのうの 試験は 簡単じゃ ありませんでした。
　　Die Prüfung gestern war nicht leicht.

2. Sätze mit Prädikatsadjektiv (い-Adjektiv) in der Vergangenheit

	Nichtvergangenheit (Gegenwart/Zukunft)	Vergangenheit
Bejahung	あついです	あつかったです
Verneinung	あつくないです	あつくなかったです

③ きのうは 暑かったです。　　　　Gestern war es heiß.
④ きのうの パーティーは あまり 楽しくなかったです。
　　Die Party gestern hat nicht so viel Spaß gemacht. (wörtl. Die Party gestern war nicht so schön.)

3. N_1は N_2より Adjektivです

Diese Satzstruktur beschreibt den Charakter, den Zustand etc. von N_1 im Vergleich zu N_2.

⑤ この 車は あの 車より 大きいです。
　　Dieses Auto ist größer als das Auto dort drüben.

4. N_1と N_2と どちらが Adjektivですか
　　…N_1/N_2の ほうが Adjektivです

Mit dieser Frage wird der Gesprächspartner gebeten, zwischen zwei Möglichkeiten (N_1 und N_2) zu entscheiden. Das Fragewort どちら wird immer bei der Frage nach einer Auswahl aus zwei Möglichkeiten unabhängig von Gegenständen verwendet.

⑥ サッカーと 野球と どちらが おもしろいですか。
　　…サッカーの ほうが おもしろいです。
　　Was ist interessanter, Fußball oder Baseball?
　　(wörtl. Welcher (Sport) ist interessanter, 〜?)
　　…Fußball ist interessanter.

⑦ ミラーさんと サントスさんと どちらが テニスが 上手ですか。
Wer spielt besser Tennis, Herr Miller oder Herr Santos? (wörtl. Welcher (Mann) ist geschickter im Tennis, ～?)

⑧ 北海道と 大阪と どちらが 涼しいですか。
Wo ist es kühler, auf Hokkaidô oder in Ôsaka? (wörtl. Welcher (Ort) ist kühler, ～?)

⑨ 春と 秋と どちらが 好きですか。
Was mögen Sie lieber, Frühling oder Herbst? (wörtl. Welche (Jahreszeit) mögen Sie lieber, ～?)

5.
```
N₁[の 中]で  何          が いちばん Adjektivですか
             どこ
             だれ
             いつ
             … N₂が いちばん Adjektivです
```

Diese Frage wird verwendet, wenn der Gesprächspartner einen Gegenstand, einen Ort, eine Person, eine Zeit, etc. auswählen soll, auf die das Adjektiv am meisten zutrifft. Die Kategorie oder Gruppe, aus der gewählt werden soll, wird durch die Form N₁[の 中]で eingegrenzt. Das Fragewort wird jeweils aus der Kategorie entnommen, aus der eine Auswahl getroffen werden soll.

⑩ 日本料理[の 中]で 何が いちばん おいしいですか。
…てんぷらが いちばん おいしいです。
Welches japanische Essen schmeckt Ihnen am besten? (wörtl. Was ist von dem japanischen Essen am leckersten?)
…Tempura schmeckt mir am besten.

⑪ ヨーロッパで どこが いちばん よかったですか。
…スイスが いちばん よかったです。
Wo hat es Ihnen in Europa am besten gefallen? (wörtl. Wo war es am besten in Europa?)
…In der Schweiz. (wörtl. Die Schweiz war am besten.)

⑫ 家族で だれが いちばん 背が 高いですか。
…弟が いちばん 背が 高いです。
Wer ist in Ihrer Familie am größten?
…Mein jüngerer Bruder ist der größte.

⑬ 1年で いつが いちばん 寒いですか。
…2月が いちばん 寒いです。
Wann ist es am kältesten im Jahr?
…Im Februar ist es am kältesten.

[Anm.] Wenn das Subjekt ein Fragewort ist, steht danach immer die Partikel が. In L. 10 haben Sie die Frage nach dem Subjekt mit den Verben あります und います gelernt (なにが ありますか／だれが いますか). Bei der Frage nach dem Subjekt des Prädikatsadjektivs wird ebenfalls die Partikel が verwendet.

Lektion 13

I. Vokabular

あそびます	遊びます	sich amüsieren, spielen
およぎます	泳ぎます	schwimmen
むかえます	迎えます	abholen, begrüßen, willkommen heißen
つかれます	疲れます	müde werden
だします ［てがみを ～］	出します ［手紙を ～］	[einen Brief] abschicken
はいります ［きっさてんに ～］	入ります ［喫茶店に ～］	hineingehen, [ein Café] betreten
でます ［きっさてんを ～］	出ます ［喫茶店を ～］	herausgehen, [ein Café] verlassen
けっこんします	結婚します	heiraten
かいものします	買い物します	einkaufen, Einkäufe machen
しょくじします	食事します	essen, Mahlzeit halten
さんぽします ［こうえんを ～］	散歩します ［公園を ～］	[im Park] spazieren (gehen)
たいへん［な］	大変［な］	hart, anstrengend, schrecklich
ほしい	欲しい	(et.) wollen, gern haben, sich wünschen
さびしい	寂しい	einsam
ひろい	広い	weit, groß, breit, geräumig
せまい	狭い	eng, klein, schmal
しやくしょ	市役所	Rathaus
プール		Schwimmbad
かわ	川	Fluss
けいざい	経済	Wirtschaft
びじゅつ	美術	Kunst, schöne Künste
つり	釣り	Angeln (～を します: angeln)
スキー		Ski (～を します: Ski fahren/laufen)
かいぎ	会議	Konferenz (～を します: eine Konferenz abhalten)
とうろく	登録	Anmeldung, Registrierung (～を します: sich anmelden, registrieren)

しゅうまつ	週末	Wochenende
～ごろ		gegen, ungefähr (die Zeit betreffend)
なにか	何か	etwas
どこか		irgendwo

おなかが すきました。 Ich habe Hunger.
おなかが いっぱいです。 Ich bin satt.
のどが かわきました。 Ich habe Durst.
そうですね。 Da stimme ich Ihnen zu.
そう しましょう。 Machen wir das so! (wenn man einem Vorschlag des Gesprächspartners zustimmt)

◀会話▶
ご注文(ちゅうもん)は？ Was möchten Sie bestellen?
定食(ていしょく) Menü
牛(ぎゅう)どん Schüssel Reis mit Rindfleisch
［少々(しょうしょう)］お待(ま)ちください。 Bitte warten Sie [einen Augenblick]!
別々(べつべつ)に getrennt

~~~~~~~~~~~~~~~~~~~~~~~~~~~~~~

ロシア Russland
つるや fiktives japanisches Restaurant
おはようテレビ fiktives Fernsehprogramm

II. Übersetzungen

Satzstrukturen

1. Ich hätte gerne einen PC.
2. Ich möchte Tempura essen.
3. Ich gehe nach Frankreich, um dort Kochen zu lernen.

Beispielsätze

1. Was wünschen Sie sich im Augenblick am meisten?
   ···Ich wünsche mir ein Haus.
2. Wo wollen Sie in den Sommerferien hinfahren?
   ···Ich möchte nach Okinawa fahren.
3. Weil ich heute so müde bin, möchte ich nichts machen.
   ···Ich auch nicht. (wörtl. Da stimme ich Ihnen zu.)
     Die Konferenz heute war ziemlich anstrengend, nicht wahr?
4. Was werden Sie dieses Wochenende tun?
   ···Ich fahre mit meinen Kindern nach Kôbe, um Schiffe anzuschauen.
5. Für welches Studium sind Sie nach Japan gekommen?
   ···Ich bin nach Japan gekommen, um Wirtschaftswissenschaften zu studieren.
6. Sind Sie in den Winterferien irgendwohin gefahren?
   ···Ja. (wörtl. Ja, ich bin gefahren.)
     Und wohin sind Sie gefahren?
   ···Ich bin nach Hokkaidô zum Skilaufen gefahren.

Dialog

Bitte rechnen Sie getrennt ab!

Yamada: Es ist ja schon zwölf Uhr! Wollen wir nicht zum Mittagessen gehen?
Miller: Ja, klar!
Yamada: Wohin gehen wir?
Miller: Hm, ich würde heute gerne Japanisch essen.
Yamada: Gut, dann gehen wir zum „Tsuruya".

Kellnerin: Was möchten Sie bestellen?
Miller: Ich nehme das Tempura-Menü.
Yamada: Ich hätte gerne Gyûdon.
Kellnerin: Ein Tempura-Menü und ein Mal Gyûdon. Bitte haben Sie einen Augenblick Geduld.

Kassierer: Das macht zusammen 1.680 Yen.
Miller: Entschuldigen Sie, können Sie bitte getrennt abrechnen?
Kassierer: Selbstverständlich. 980 Yen für das Tempura-Menü und 700 Yen für das Gyûdon.

III. Zusatzvokabular & Informationen

町の中　IN DER STADT

博物館	Museum	市役所	Rathaus
美術館	Kunstmuseum	警察署	Polizeipräsidium
図書館	Bibliothek	交番	kleine Polizeiwache
映画館	Kino	消防署	Feuerwache
動物園	Tierpark, Zoo	駐車場	Parkplatz
植物園	botanischer Garten		
遊園地	Vergnügungspark	大学	Universität
		高校	Oberschule (3 Jahre)
お寺	buddhistischer Tempel	中学校	Mittelschule (3 Jahre)
神社	Shintô-Schrein	小学校	Grundschule (6 Jahre)
教会	Kirche	幼稚園	Kindergarten
モスク	Moschee		
		肉屋	Fleischerei, Metzgerei
体育館	Sporthalle	パン屋	Bäckerei
プール	Schwimmbad	魚屋	Fischhändler
公園	Park	酒屋	Spirituosengeschäft
		八百屋	Obst- und Gemüseladen
大使館	Botschaft		
入国管理局	Einwanderungsbehörde/ Ausländeramt	喫茶店	Café
		コンビニ	Convenience Store (24 Stunden geöffnet)
		スーパー	Supermarkt
		デパート	Kaufhaus

IV. Grammatik

1. **Nが 欲しいです**

   Diese Satzstruktur drückt den Wunsch des Sprechers nach Dingen oder Personen aus. Mit dieser Konstruktion kann auch nach den Wünschen des Gesprächspartners gefragt werden. Der Wunsch als Objekt wird mit der Partikel が gekennzeichnet. ほしい ist ein い-Adjektiv.

   ① わたしは 友達が 欲しいです。　　　　Ich hätte gerne Freunde.
   ② 今 何が いちばん 欲しいですか。
   　…車が 欲しいです。

   Was wünschen Sie sich im Augenblick am meisten?
   　…Ich wünsche mir ein Auto.

   ③ 子どもが 欲しいですか。　　　　　　Möchten Sie Kinder?
   　…いいえ、欲しくないです。　　　　　…Nein, ich möchte keine haben.

2. **Vます-Formたいです**

1) Die ます-Form von Verben

   Die Form von Verben, die mit ます gebildet wird, bezeichnet man als ます-Form. Bei dem Verb かいます zum Beispiel ist かい die ます-Form.

2) Vます-Formたいです

   Diese Konstruktion drückt aus, dass der Sprecher etwas tun möchte. Sie wird verwendet, um den Wunsch des Sprechers auszudrücken, oder den Wunsch des Gesprächspartners zu erfragen. Die Partikel を kann durch die Partikel が ersetzt werden (s. Satz ⑤ unten), die anderen Partikeln aber außer を können nicht durch die Partikel が ersetzt werden. Vます-Formたい wird wie die い-Adjektive flektiert.

   ④ わたしは 沖縄へ 行きたいです。　　Ich möchte nach Okinawa fahren.
   ⑤ わたしは てんぷらを 食べたいです。　Ich möchte Tempura essen.
   　　　　　　　(が)
   ⑥ 神戸で 何を 買いたいですか。　　　Was möchten Sie in Kôbe kaufen?
   　　　　　(が)
   　…靴を 買いたいです。　　　　　　…Ich möchte Schuhe kaufen.
   　　　(が)
   ⑦ おなかが 痛いですから、何も 食べたくないです。
   　　Weil mir der Bauch weh tut, möchte ich nichts essen.

[Anm.1] ほしいです und ～たいです können nicht den Wunsch einer dritten Person beschreiben.

[Anm.2] Man kann weder ほしいですか noch Vます-Form たいですか verwenden, wenn man jemandem etwas anbietet bzw. jemanden einladen möchte. Wenn man z.B. jemandem eine Tasse Kaffee anbietet (oder jemanden zu einer Tasse Kaffee einlädt), ist es nicht passend, コーヒーが ほしいですか oder コーヒーを のみたいですか zu sagen. In diesen Fällen werden Ausdrücke wie コーヒーは いかがですか oder コーヒーを のみませんか verwendet.

3. N (Ort) へ ｛Vます-Form / N｝ に 行きます／来ます／帰ります

Verben (ます-Form) und Nomina, die vor der Partikel に stehen, zeigen den Zweck von いきます, きます oder かえります an. Nomina, die vor der Partikel に stehen, beschreiben eine Handlung.

⑧ 神戸へ インド料理を 食べに 行きます。
　Ich fahre nach Kôbe, um Indisch zu essen.
⑨ 神戸へ 買い物に 行きます。
　Ich fahre zum Einkaufen nach Kôbe.
⑩ 日本へ 美術の 勉強に 来ました。
　Ich bin zum Kunststudium nach Japan gekommen.

[Anm.] Man kann vor der Partikel に auch Nomina verwenden, die Veranstaltungen wie z.B. Feste, Konzerte, etc. beschreiben. In diesem Fall ist es die Absicht des Sprechers, Feste zu sehen oder Konzerte zu besuchen.

⑪ あした 京都の お祭りに 行きます。
　Ich gehe morgen zu einem Fest in Kyôto.

4. Nに V／Nを V

Die Partikel に wird mit Verben wie はいります, のります (einsteigen, L. 16), etc. verwendet und gibt das Ziel an. Die Partikel を wird mit Verben wie でます, おります (aussteigen, L. 16), etc. verwendet und kennzeichnet den Ausgangspunkt.

⑫ あの 喫茶店に 入りましょう。　　Gehen wir ins Café dort drüben!
⑬ 7時に うちを 出ます。　　Ich verlasse um sieben Uhr das Haus.

5. どこか／何か

どこか bedeutet „irgendwo", なにか bedeutet „irgendetwas". Die Partikel へ und を nach どこか und なにか können weggelassen werden.

⑭ 冬休みは どこか[へ] 行きましたか。
　…はい、行きました。
　Sind Sie in den Winterferien irgendwohin gefahren?
　…Ja, ich bin weggefahren.
⑮ のどが かわきましたから、何か[を] 飲みたいです。
　Weil ich Durst habe, möchte ich gerne etwas trinken.

6. ご注文

Das Präfix ご wird vor einige Nomina gesetzt, um Respekt auszudrücken.

⑯ ご注文は?　　Was möchten Sie bestellen?

Lektion 14

I. Vokabular

つけます II		einschalten
けします I	消します	ausschalten
あけます II	開けます	öffnen
しめます II	閉めます	schließen
いそぎます I	急ぎます	sich beeilen
まちます I	待ちます	warten
とめます II	止めます	anhalten, parken, stoppen
まがります I ［みぎへ ～］	曲がります ［右へ ～］	[nach rechts] abbiegen
もちます I	持ちます	(fest-)halten, tragen, haben, besitzen
とります I	取ります	nehmen, (jm. et.) reichen
てつだいます I	手伝います	helfen (bei Aufgaben)
よびます I	呼びます	rufen
はなします I	話します	sprechen, reden, erzählen
みせます II	見せます	zeigen
おしえます II ［じゅうしょを ～］	教えます ［住所を ～］	erklären, [die Adresse] mitteilen
はじめます II	始めます	anfangen, beginnen
ふります I ［あめが ～］	降ります ［雨が ～］	fallen, [es regnet]
コピーします III		kopieren (mit Kopierer)
エアコン		Klimaanlage
パスポート		Reisepass
なまえ	名前	Name
じゅうしょ	住所	Adresse
ちず	地図	Landkarte, Stadtplan
しお	塩	Salz
さとう	砂糖	Zucker
よみかた	読み方	Lesung, wie man et. liest
～かた	～方	Art und Weise ～ zu tun

ゆっくり		langsam, gemütlich
すぐ		sofort
また		noch einmal, wieder
あとで		später
もう すこし	もう 少し	ein bisschen mehr
もう 〜		noch ein/e weitere/r/s 〜

いいですよ。	Sicher./ Geht in Ordnung.
さあ	nun (wird verwendet, um zu einer Handlung anzuregen)
あれ？	Nanu! (Ausdruck der Überraschung oder des Erstaunens)

◁会話▷

信号を 右へ 曲がって ください。	Biegen Sie an der Ampel bitte nach rechts ab.
まっすぐ	geradeaus
これで お願いします。	Ich würde gerne damit bezahlen.
お釣り	Wechselgeld

〰〰〰〰〰〰〰〰〰〰〰〰〰〰〰〰〰

梅田	Name eines Stadtteiles von Ôsaka
ふんすい	Brunnen

II. Übersetzungen

Satzstrukturen

1. Bitte warten Sie einen Moment.
2. Herr Miller telefoniert gerade.

Beispielsätze

1. Schreiben Sie bitte hier Ihren Namen und Ihre Adresse!
   ···Ja. (wörtl. Ja, ich habe verstanden.)
2. Zeigen Sie mir bitte das Hemd da drüben!
   ···Hier, bitte.
   Haben Sie es auch noch etwas größer? (wörtl. Haben Sie noch ein ein bisschen Größeres?)
   ···Ja. Wie ist das Hemd hier?
3. Entschuldigung, aber können Sie mir bitte sagen, wie man diese Kanji liest? (wörtl. Sagen Sie mir bitte ～!)
   ···Man liest sie „kakitome".
4. Es ist heiß, nicht wahr? Soll ich das Fenster öffnen?
   ···Ja, bitte! (wörtl. Danke schön. Bitte!)
5. Soll ich Sie am Bahnhof abholen (kommen)? (wörtl. Soll ich bis zum Bahnhof gehen, um Sie abzuholen?)
   ···Nein, danke! Ich fahre mit dem Taxi.
6. Wo ist Frau Satô?
   ···Sie unterhält sich gerade mit Herrn Matsumoto im Konferenzzimmer.
   Nun, dann komme ich später noch einmal.

Dialog

Fahren Sie bitte nach Umeda!

Karina:	Nach Umeda bitte.
Taxifahrer:	Ja.

Karina:	Entschuldigung. Biegen Sie bitte an der Ampel nach rechts ab!
Taxifahrer:	Nach rechts, nicht wahr?
Karina:	Ja.

Taxifahrer:	Garadeaus?
Karina:	Ja. Fahren Sie bitte geradeaus!

Karina:	Halten Sie bitte vor dem Blumenladen!
Taxifahrer:	Ja. Das macht 1.800 Yen.
Karina:	Hier, bitte schön.
Taxifahrer:	3.200 Yen zurück. Danke schön!

III. Zusatzvokabular & Informationen

駅 BAHNHOF

日本語	Deutsch	日本語	Deutsch
切符売り場	Fahrkartenschalter	特急	Express
自動券売機	Fahrkartenautomat	急行	Schnellzug
精算機	Nachlöseautomat	快速	Schnellzug (hat mehr Haltestellen als 急行)
改札口	Bahnsteigsperre		
出口	Ausgang	準急	Eilzug (hat mehr Haltestellen als 快速)
入口	Eingang		
東口	Ostein- und -ausgang		
西口	Westein- und -ausgang	普通	Personenzug (hält an jeder Haltestelle)
南口	Südein- und -ausgang		
北口	Nordein- und -ausgang		
中央口	Zentralein- und -ausgang	時刻表	Fahrplan
		〜発	ab 〜
[プラット]ホーム	Bahnsteig	〜着	an 〜
売店	Kiosk	[東京]行き	Richtung [Tôkyô]
コインロッカー	Schließfach		
タクシー乗り場	Taxistand	定期券	Monatskarte
バスターミナル	Busbahnhof	回数券	Mehrfahrtenkarte
バス停	Bushaltestelle	片道	Einfache Fahrt
		往復	Hin- und Rückfahrt

IV. Grammatik

1. Flexion der Verben

Japanische Verben verändern sich an der Endung. Diese Änderung nennt man Flexion. Man kann Sätze mit den verschiedensten Bedeutungen bilden, indem man verschiedene Satzteile oder Satzglieder an diese Flexionsformen anschließt. Je nach Flexionsart werden Verben in drei Gruppen unterteilt.

2. Verbgruppen

1) Gruppe I

Die ます-Form der Verben dieser Gruppe endet mit einem Laut aus der い-Spalte (s. Lehrbuch, S. 2, かなと拍).

か<u>き</u>ます　schreiben　　　の<u>み</u>ます　trinken

2) Gruppe II

Die ます-Form der meisten Verben dieser Gruppe endet mit einem Laut aus der え-Spalte. Allerdings gibt es auch einige Verben, deren ます-Form mit einem Laut der い-Spalte endet.

た<u>べ</u>ます　essen　　　み<u>せ</u>ます　zeigen　　　<u>み</u>ます　sehen

3) Gruppe III

nur ein ü vor ます おきます

Zu dieser Gruppe gehören die Verben します und きます, sowie Verben in der Form Handlungsnomen + します.

3. Verb て-Form

Die Verbform, die auf て oder で endet, wird als て-Form bezeichnet. Je nach Verbgruppe gibt es unterschiedliche Regeln zur Bildung der て-Form (s. Lehrbuch, S. 116, L. 14, 練習 A 1).

1) Gruppe I　　　Entsprechend dem letzten Laut der ます-Form wird die て-Form wie in der Tabelle gebildet (s. Lehrbuch, L. 14, 練習 A 1). Beachten Sie, dass いって, die て-Form von いきます, eine Ausnahme bildet.

2) Gruppe II　　て wird an die ます-Form angeschlossen.

3) Gruppe III　　て wird an die ます-Form angeschlossen.

4. V て-Form ください　　Bitte machen/tun Sie...

Diese Satzstruktur wird verwendet, wenn man den Gesprächspartner um etwas bittet, anweist, etwas zu tun oder zu etwas auffordert. Selbstverständlich kann diese Konstruktion nicht im Sinne von Anweisungen verwendet werden, wenn der Gesprächspartner höher als der Sprecher gestellt ist. Die folgenden Sätze sind jeweils Beispiele für Bitten, Anweisungen und Aufforderungen.

① すみませんが、この 漢字の 読み方を 教えて ください。

　Entschuldigung. Können Sie mir bitte sagen, wie man diese Kanji liest? (wörtl. Sagen Sie mir bitte ～.)

② ここに 住所と 名前を 書いて ください。

　Schreiben Sie bitte hier Ihre Adresse und Ihren Namen.

③ ぜひ 遊びに 来て ください。

　Kommen Sie mich doch bitte unbedingt besuchen! (L. 25)

Wenn es sich um eine Bitte handelt, wird meistens すみませんが vor die て-Form ください gestellt (s. Bsp. ①). Diese Ausdrucksweise ist höflicher als nur Vて-Form ください und sollte deshalb bei Bitten benutzt werden.

5. | **Vて-Form います** |　gerade dabei sein, etwas zu tun

Diese Satzstruktur drückt aus, dass eine Handlung gerade stattfindet oder fortgesetzt wird.

④ ミラーさんは 今 電話を かけて います。
Herr Miller telefoniert gerade.

⑤ 今 雨が 降って いますか。　　　　　Regnet es gerade?
　…はい、降って います。　　　　　　…Ja, es regnet.
　…いいえ、降って いません。　　　　…Nein, es regnet nicht.

6. | **Vます-Form ましょうか** |　Soll ich...?

Diese Konstruktion wird verwendet, wenn der Sprecher anbietet, etwas für den Gesprächspartner zu tun.

⑥ A：あしたも 来ましょうか。　　　　A：Soll ich auch morgen kommen?
　B：ええ、10時に 来て ください。　B：Ja, kommen Sie bitte um zehn!
⑦ A：傘を 貸しましょうか。　　　　　A：Soll ich Ihnen meinen Schirm leihen?
　B：すみません。お願いします。　　　B：Ja, vielen Dank! (wörtl. Vielen Dank! Bitte!)
⑧ A：荷物を 持ちましょうか。　　　　A：Soll ich Ihr Gepäck tragen?
　B：いいえ、けっこうです。　　　　　B：Nein danke!

In den vorangegangenen Dialogbeispielen bietet A B etwas an. Bei ⑥ zeigt B, wie man jemanden bittet oder anweist, etwas zu tun, bei ⑦ wie man ein Angebot mit Dank annimmt und bei ⑧ wie man ein Angebot dankend ablehnt.

7. | **S₁が、S₂** |　..., aber...

⑨ 失礼ですが、お名前は?
Entschuldigung, aber wie heißen Sie bitte? (L. 1)

⑩ すみませんが、塩を 取って ください。
Entschuldigung, aber können Sie mir bitte das Salz reichen?
(wörtl. Reichen Sie mir ～!)

In L. 8 haben Sie die Konjunktionspartikel が kennen gelernt. In Ausdrücken wie しつれいですが oder すみませんが, die als Einleitung verwendet werden, wenn man eine Person anspricht, verliert が seine ursprüngliche Bedeutung. Es wird verwendet, um zwei Sätze leicht miteinander zu verbinden.

8. | **Nが V** |

Wenn natürliche Erscheinungen beschrieben werden, wird das Subjekt mit der Partikel が markiert.

⑪ 雨が 降って います。　　　　　　Es regnet.

Lektion 15

I. Vokabular

たちます I	立ちます	sich hinstellen, aufstehen
すわります I	座ります	sich hinsetzen
つかいます I	使います	benutzen, verwenden
おきます I	置きます	stellen, legen
つくります I	作ります、造ります	produzieren, herstellen, machen, bauen
うります I	売ります	verkaufen
しります I	知ります	kennen lernen, erfahren
すみます I	住みます	wohnen (nur auf zukünftige Wohnsitze bezogen)
けんきゅうします III	研究します	forschen
しって います	知って います	wissen, kennen
すんで います [おおさかに 〜]	住んで います [大阪に 〜]	[in Ôsaka] wohnen (auf den jetzigen Wohnsitz bezogen)
しりょう	資料	Material, Daten
カタログ		Katalog
じこくひょう	時刻表	Fahrplan
ふく	服	Kleidung
せいひん	製品	Produkt
ソフト		Software
せんもん	専門	Fachgebiet, Hauptfach
はいしゃ	歯医者	Zahnarzt, Zahnärztin
とこや	床屋	Friseur (für Männer)
プレイガイド		(Konzert-)Kartenverkauf
どくしん	独身	ledig

◀会話▶

特(とく)に	besonders, vor allem
思(おも)い出(だ)します Ⅰ	sich erinnern
ご家族(かぞく)	Ihre Familie
いらっしゃいます Ⅰ	sein (ehrerbietige Form von います)
高校(こうこう)	Oberschule (entspricht etwa der Oberstufe des Gymnasiums)

〰〰〰〰〰〰〰〰〰〰〰〰〰〰〰〰〰〰〰

| 日本橋(にっぽんばし) | Einkaufsviertel in Ôsaka |

II. Übersetzungen

Satzstrukturen

1. Sie dürfen fotografieren.
2. Herr Santos besitzt einen PC.

Beispielsätze

1. Darf ich diesen Katalog behalten? (wörtl. Darf ich diesen Katalog bekommen?)
   ···Ja, sicher. Bitte.
2. Darf ich mir dieses Wörterbuch ausleihen?
   ···Es tut mir leid, aber... ich benutze es gerade.
3. Sie dürfen hier nicht spielen!
   ···Ja.
4. Kennen Sie die Telefonnummer des Rathauses?
   ···Nein, ich kenne sie nicht.
5. Maria, wo wohnen Sie?
   ···Ich wohne in Ôsaka.
6. Ist Herr Wang ledig?
   ···Nein, er ist verheiratet.
7. Was machen Sie beruflich? (wörtl. Was ist Ihr Beruf?)
   ···Ich bin Lehrer(in)/Dozent(in). Ich lehre an der Fuji Universität.
   Was ist Ihr Fachgebiet?
   ···Japanische Kunst.

Dialog

Erzählen Sie doch von Ihrer Familie!

Miller: Der Film heute war gut, nicht wahr?
Kimura: Ja. Vor allem war der Vater gut, nicht wahr?
Miller: Ja, es hat mich an meine Familie erinnert.
Kimura: Ach ja? Erzählen Sie doch von Ihrer Familie, Herr Miller!
Miller: Ich habe meine Eltern und eine ältere Schwester.
Kimura: Wo wohnen Sie?
Miller: Meine Eltern wohnen in der Nähe von New York.
Meine ältere Schwester lebt in London.
Und Ihre Familie, Frau Kimura?
Kimura: Wir sind zu dritt. Mein Vater ist Bankangestellter.
Meine Mutter unterrichtet Englisch an einer Oberschule.

III. Zusatzvokabular & Informationen

職業　BERUFE

IV. Grammatik

1. Vて-Formも いいです   Sie dürfen.../Es ist erlaubt, dass...

Mit dieser Konstruktion wird eine Erlaubnis ausgedrückt.

① 写真を 撮っても いいです。   Sie dürfen fotografieren.

Wenn diese Konstruktion in eine Frage umgewandelt wird, dann wird sie eine Bitte um Erlaubnis.

② たばこを 吸っても いいですか。   Darf ich rauchen?

Man antwortet auf diese Frage folgendermaßen. Beachten Sie, dass für die Ablehnung eine indirekte Antwort verwendet wird.

③ この カタログを もらっても いいですか。
　　…ええ、いいですよ。どうぞ。
　　…すみません。ちょっと。
　Darf ich diesen Katalog behalten? (wörtl. ~ bekommen?)
　…Ja, sicher! Bitte schön.
　…Es tut mir leid, aber...

2. Vて-Formは いけません   Sie dürfen nicht.../Es ist verboten, dass...

Mit dieser Konstruktion wird ein Verbot ausgedrückt.

④ ここで たばこを 吸っては いけません。禁煙ですから。
　Sie dürfen hier nicht rauchen, weil hier Rauchverbot ist.

Wenn man die Ablehnung auf eine Frage mit der Konstruktion Vて-Formも いいですか betonen möchte, kann man auch mit いいえ、いけません antworten, ohne dabei Vて-Formは zu verwenden. Dieser Ausdruck kann nicht einem Höhergestellten gegenüber verwendet werden.

⑤ 先生、ここで 遊んでも いいですか。
　　…いいえ、いけません。
　Herr Lehrer/Frau Lehrerin, dürfen wir hier spielen?
　…Nein, das geht nicht.

3. Vて-Form います

Zusätzlich zu der Bedeutung von Vて-Formいます, die Sie in L. 14 kennen gelernt haben, kann diese Konstruktion auch einen Zustand beschreiben, in dem das Resultat aus einer vorangegangenen Handlung erhalten bleibt.

⑥ わたしは 結婚して います。   Ich bin verheiratet.
⑦ わたしは 田中さんを 知って います。   Ich kenne Herrn/Frau Tanaka.
⑧ わたしは 大阪に 住んで います。   Ich wohne in Ôsaka.
⑨ わたしは カメラを 持って います。   Ich habe eine Kamera.

もって います kann sowohl „besitzen" als auch „in der Hand halten" bedeuten.

4. Vて-Form います

Vて-Form います kann auch eine gewohnheitsmäßige Handlung beschreiben, also eine Handlung, die immer wieder über einen längeren Zeitraum hinweg wiederholt wird. Deshalb können mit dieser Konstruktion auch Berufe beschrieben werden, wie in Beispiel ⑫ und ⑬ zu sehen ist. Wenn also z.B. die Frage おしごとは なんですか gestellt wird, kann man mit dieser Satzstruktur antworten.

⑩ IMCは コンピューターソフトを 作って います。
 IMC stellt Computer Software her.

⑪ スーパーで フィルムを 売って います。
 Der Supermarkt verkauft Filme.

⑫ ミラーさんは IMCで 働いて います。
 Herr Miller arbeitet bei IMC.

⑬ 妹は 大学で 勉強して います。
 Meine jüngere Schwester studiert an der Universität.

5. 知りません

Die Verneinung von しって います ist しりません.

⑭ 市役所の 電話番号を 知って いますか。
 …はい、知って います。
 …いいえ、知りません。
 Kennen Sie die Telefonnummer des Rathauses?
 …Ja(, ich kenne sie).
 …Nein(, ich kenne sie nicht).

Lektion 16

I. Vokabular

のります I ［でんしゃに ～］	乗ります ［電車に ～］	fahren, [den Zug] nehmen, [in den Zug] einsteigen
おります II ［でんしゃを ～］	降ります ［電車を ～］	herabsteigen, [aus dem Zug] aussteigen
のりかえます II	乗り換えます	umsteigen
あびます II ［シャワーを ～］	浴びます	[eine Dusche] nehmen, sich duschen
いれます II	入れます	hineintun
だします I	出します	herausnehmen, abheben
はいります I ［だいがくに ～］	入ります ［大学に ～］	eintreten, sich [an der Universität] einschreiben
でます II ［だいがくを ～］	出ます ［大学を ～］	absolvieren, [die Universität] abschließen
やめます II ［かいしゃを ～］		aufhören, [in der Firma] kündigen
	［会社を ～］	
おします I	押します	schieben, drücken
わかい	若い	jung
ながい	長い	lang
みじかい	短い	kurz
あかるい	明るい	hell
くらい	暗い	dunkel
せが たかい	背が 高い	groß sein (für Personen)
あたまが いい	頭が いい	schlau, clever
からだ	体	Körper
あたま	頭	Kopf
かみ	髪	Haare
かお	顔	Gesicht
め	目	Auge
みみ	耳	Ohr
くち	口	Mund
は	歯	Zahn
おなか		Bauch
あし	足	Fuß, Bein

サービス		Service
ジョギング		Jogging (〜を します: joggen)
シャワー		Dusche
みどり	緑	das Grün (der Bäume)
［お］てら	［お］寺	buddhistischer Tempel
じんじゃ	神社	Shintô-Schrein
りゅうがくせい	留学生	ausländische(r) Student(in)
－ばん	－番	Nummer －
どうやって		wie, auf welche Art und Weise
どの 〜		welche/r/s 〜 (bei drei oder mehr Möglichkeiten)
［いいえ、］まだまだです。		[Nein,] noch lange nicht. (bescheidene Antwort auf ein Lob)

◀ 会 話 ▶

お引き出しですか。	Möchten Sie Geld abheben?
まず	zuerst
キャッシュカード	Karte für den Geldautomaten, Cash-Karte
暗証番号	Geheimnummer
次に	als nächstes
金額	Geldbetrag
確認	Bestätigung (〜します: bestätigen)
ボタン	Taste, Knopf

〜〜〜〜〜〜〜〜〜〜〜〜〜〜〜〜〜〜〜〜〜

ＪＲ	Japan Railway
アジア	Asien
バンドン	Bandung (Indonesien)
ベラクルス	Veracruz (Mexiko)
フランケン	Franken (Deutschland)
ベトナム	Vietnam
フエ	Hue (Vietnam)
大学前	fiktive Bushaltestelle

II. Übersetzungen

Satzstrukturen

1. Morgens jogge ich, dusche mich und gehe in die Firma.
2. Nachdem das Konzert zu Ende war, haben wir in einem Restaurant gegessen.
3. In Ôsaka schmeckt das Essen gut. (wörtl. Was Ôsaka betrifft, ist das Essen lecker.)
4. Dieser PC hier ist leicht und praktisch.

Beispielsätze

1. Was haben Sie gestern gemacht?
   ···Ich bin in die Bibliothek gegangen, habe mir ein Buch ausgeliehen und habe mich dann mit einem Freund/einer Freundin getroffen.
2. Wie fahren Sie zur Universität?
   ···Ich nehme am Bahnhof Kyôto den Bus Nummer 16 und steige bei Daigaku-mae (wörtl. Vor der Universität) aus.
3. Was werden Sie tun, wenn Sie in Ihr Land zurückgekehrt sind? (wörtl. ~, nachdem Sie in Ihr Land zurückgekehrt sind?)
   ···Ich werde in der Firma meines Vaters arbeiten.
4. Wer von denen (wörtl. Welche Person) ist Herr Santos?
   ···Der große Herr mit den schwarzen Haaren dort drüben ist es.
5. Was ist Nara für eine Stadt?
   ···(Nara ist) eine ruhige und schöne Stadt.
6. Wer ist die Person dort drüben?
   ···Das ist Karina. Sie ist Indonesierin und ausländische Studentin an der Fuji Universität.

Dialog

Zeigen Sie mir bitte, wie man diesen Automaten benutzt

Maria:	Entschuldigung. Zeigen Sie mir bitte, wie man diesen Automaten benutzt.
Bankangestellter:	Möchten Sie Geld abheben?
Maria:	Ja.
Bankangestellter:	Dann drücken Sie bitte zunächst diese Taste.
Maria:	Ja.
Bankangestellter:	Haben Sie eine Cash-Karte?
Maria:	Ja, hier ist sie.
Bankangestellter:	Stecken Sie sie hier hinein und geben Sie bitte Ihre Geheimnummer ein.
Maria:	Ja.
Bankangestellter:	Als nächstes geben Sic bitte den Geldbetrag ein.
Maria:	50.000 Yen. Fünf...
Bankangestellter:	Drücken Sie hier „man (zehntausend)" und „en (Yen)". Und dann noch diese „kakunin (Bestätigung)" Taste.
Maria:	Ja. Vielen Dank!

III. Zusatzvokabular & Informationen

ATMの使い方 — WIE MAN GELDAUTOMATEN BENUTZT

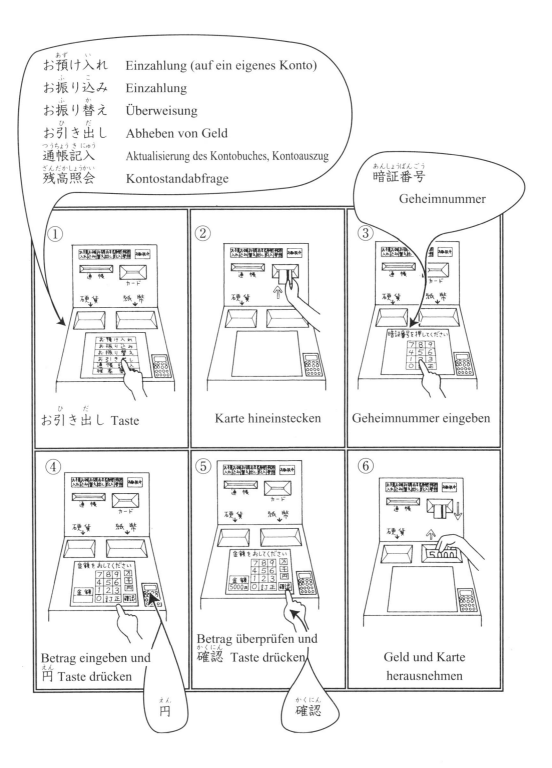

IV. Grammatik

1. Vて-Form、[Vて-Form、] ～

Um Sätze mit verbalem Prädikat zu verbinden, wird die Vて-Form verwendet. Wenn zwei oder mehr Handlungen hintereinander folgen, werden sie mit der て-Form der Reihe nach aufgestellt. Das letzte Verb bestimmt das Tempus des ganzen Satzes.

① 朝 ジョギングを して、シャワーを 浴びて、会社へ 行きます。
　　Morgens jogge ich, dusche mich und gehe in die Firma.
② 神戸へ 行って、映画を 見て、お茶を 飲みました。
　　Ich bin nach Kôbe gefahren, habe einen Film gesehen und Tee getrunken.

2. い-Adj(～い) → ～くて、～

Wenn ein Satz mit Prädikatsadjektiv (い-Adjektiv) mit einem anderen Satz verbunden wird, wird die Endung い des い-Adjektives durch die Endung くて ersetzt.

おおき－い	→	おおき－くて	groß
ちいさ－い	→	ちいさ－くて	klein
い－い	→	＊よ－くて (Ausnahme)	gut

③ ミラーさんは 若くて、元気です。
　　Herr Miller ist jung und fit (gesund).
④ きのうは 天気が よくて、暑かったです。
　　Gestern war das Wetter schön und (es war) heiß.

3. N / な-Adj[な] ｜ で、～

Bei der Verbindung von Sätzen mit Prädikatsnomen oder mit Prädikatsadjektiv (な-Adjektiv) wird です durch で ersetzt.

⑤ カリナさんは インドネシア人で、京都大学の 留学生です。
　　Karina ist Indonesierin und ausländische Studentin an der Kyôto Universität.
⑥ ミラーさんは ハンサムで、親切です。
　　Herr Miller ist gutaussehend und freundlich.
⑦ 奈良は 静かで、きれいな 町です。
　　Nara ist eine ruhige und schöne Stadt.

[Anm.1] Diese Verbindungsmethode kann nicht nur für Sätze, die sich auf dasselbe Thema beziehen, sondern auch für Sätze mit verschiedenen Themen verwendet werden.

⑧ カリナさんは 学生で、マリアさんは 主婦です。
　　Karina ist Studentin und Maria ist Hausfrau.

[Anm.2] Mit dieser Methode können keine Sätze, deren Bedeutungen gegensätzliche Wertvorstellungen haben, verbunden werden. In diesen Fällen wird die Partikel が verwendet (s. L. 8, 7. Partikel が).

×　この 部屋は 狭くて、きれいです。
○　この 部屋は 狭いですが、きれいです。
　　Dieses Zimmer ist klein, aber sauber.

4. V₁て-Formから、V₂

Mit dieser Satzstruktur wird ausgedrückt, dass nach Beendigung von Handlung V₁ Handlung V₂ durchgeführt wird. Das letzte Verb bestimmt das Tempus des ganzen Satzes.

⑨ 国へ 帰ってから、父の 会社で 働きます。
   Wenn ich in mein Land zurückkehre, werde ich in der Firma meines Vaters arbeiten.

⑩ コンサートが 終わってから、レストランで 食事しました。
   Nachdem das Konzert zu Ende war, haben wir in einem Restaurant gegessen.

[Anm.] Das Subjekt des Nebensatzes wird mit der Partikel が gekennzeichnet, wie in dem Beispielsatz ⑩ zu sehen ist.

5. N₁は N₂が Adjektiv

Diese Satzstruktur wird verwendet, um die Eigenschaft einer Person oder eines Gegenstandes zu beschreiben, die oder der als Thema mit は im Satz markiert ist. N₁ ist das Thema des Satzes und N₂ ist das Subjekt von einem Zustand, der durch Adjektive beschrieben wird.

⑪ 大阪は 食べ物が おいしいです。
   Das Essen in Ôsaka schmeckt gut. (wörtl. Was Ôsaka betrifft, ist das Essen lecker.)

⑫ ドイツの フランケンは ワインが 有名です。
   In Deutschland ist Franken berühmt für seinen Wein. (wörtl. Was Franken in Deutschland betrifft, ist der Wein berühmt.)

⑬ マリアさんは 髪が 長いです。
   Maria hat lange Haare. (wörtl. Was Maria betrifft, ist das Haar lang.)

6. どうやって

どうやって wird verwendet, um nach dem Weg oder einer Methode zu fragen. Für die Beantwortung dieser Frage kann die Satzstruktur aus 1. verwendet werden.

⑭ 大学まで どうやって 行きますか。
   …京都駅から 16番の バスに 乗って、大学前で 降ります。
   Wie fahren Sie zur Universität?
   …Ich nehme am Bahnhof Kyôto den Bus Nummer 16 und steige bei „Daigaku-mae" aus.

7. どの N

In L. 2 haben Sie gelernt, dass この, その und あの Nomen näher bestimmen. どの ist das dazugehörige Fragewort. どの wird für die Frage verwendet, wenn ein Ding oder eine Person aus konkret präsentierten drei oder mehr Möglichkeiten bestimmt werden soll.

⑮ サントスさんは どの 人 ですか。
   …あの 背が 高くて、髪が 黒い 人です。
   Wer von denen (wörtl. Welche Person) ist Herr Santos?
   …Der große Herr mit den schwarzen Haaren dort drüben ist es.

Lektion 17

I. Vokabular

おぼえます II	覚えます	sich merken, (auswendig) lernen, erlernen
わすれます II	忘れます	vergessen, liegen lassen
なくします I		verlieren
だします I [レポートを～]	出します	einreichen, [eine Hausarbeit] abgeben
はらいます I	払います	bezahlen
かえします I	返します	zurückgeben
でかけます II	出かけます	weggehen, das Haus verlassen, ausgehen
ぬぎます I	脱ぎます	(sich) ausziehen
もっていきます I	持って行きます	(et.) mitnehmen
もってきます III	持って来ます	(et.) mitbringen
しんぱいします III	心配します	sich sorgen
ざんぎょうします III	残業します	Überstunden machen
しゅっちょうします III	出張します	eine Dienstreise machen
のみます I [くすりを～]	飲みます [薬を～]	[Medizin] einnehmen
はいります I [おふろに～]	入ります	[ein Bad] nehmen, baden
たいせつ[な]	大切[な]	wichtig, wertvoll
だいじょうぶ[な]	大丈夫[な]	in Ordnung, kein Problem
あぶない	危ない	gefährlich
もんだい	問題	Frage, Problem
こたえ	答え	Antwort
きんえん	禁煙	Rauchverbot
[けんこう]ほけんしょう	[健康]保険証	[Kranken-]Versicherungskarte
かぜ		Erkältung
ねつ	熱	Fieber
びょうき	病気	Krankheit
くすり	薬	Medikament

［お］ふろ		Bad (heißes japanisches Bad)
うわぎ	上着	Jacke
したぎ	下着	Unterwäsche
せんせい	先生	Herr/Frau Doktor (Anrede für Ärzte)
2、3にち	2、3日	ein paar Tage
2、3～		ein paar ～ (～ ist Zähleinheitssuffix)
～までに		bis ～, innerhalb (der Zeit) (drückt eine Frist aus)
ですから		deshalb

◁会話▷

どう しましたか。	Was fehlt Ihnen? (beim Arzt)
［～が］痛いです。	［～］ tut (mir) weh./ ［～］schmerzen haben.
のど	Hals
お大事に。	Gute Besserung!

II. Übersetzungen

Satzstrukturen

1. Bitte fotografieren Sie hier nicht.
2. Sie müssen Ihren Reisepass zeigen.
3. Sie müssen Ihre Hausarbeit nicht einreichen./ Sie brauchen ~ nicht einzureichen.

Beispielsätze

1. Bitte parken Sie dort nicht Ihr Auto.
   ···Entschuldigung.
2. Herr/Frau Doktor, darf ich Alkohol trinken?
   ···Nein, trinken Sie ein paar Tage keinen Alkohol.
   Ja, ich habe verstanden, Herr/Frau Doktor.
3. Wollen wir heute Abend nicht (etwas) trinken gehen?
   ···Es tut mir leid. Ich habe mich heute mit meiner Frau verabredet.
   Deshalb muss ich früh nach Hause gehen.
4. Bis wann muss ich die Hausarbeit abgeben?
   ···Geben Sie sie bitte bis Freitag ab.
5. Müssen Kinder auch bezahlen?
   ···Nein, Kinder müssen nicht bezahlen.

Dialog

Was fehlt Ihnen?

Doktor:	Was fehlt Ihnen?
Matsumoto:	Seit gestern tut mir der Hals weh und ich habe auch etwas Fieber.
Doktor:	Aha. Öffnen Sie bitte kurz Ihren Mund.

Doktor:	Sie haben eine Erkältung. Ruhen Sie sich gut aus.
Matsumoto:	Herr Doktor, ich muss morgen auf Geschäftsreise nach Tôkyô fahren.
Doktor:	Nun, dann nehmen Sie die Medizin und gehen heute Abend früh ins Bett.
Matsumoto:	Ja.
Doktor:	Außerdem sollten Sie heute Abend nicht baden.
Matsumoto:	Ja, Herr Doktor.
Doktor:	Ja dann, gute Besserung!
Matsumoto:	Haben Sie vielen Dank!

III. Zusatzvokabular & Informationen

体・病気 （からだ・びょうき） KÖRPER & KRANKHEITEN

どう しましたか	Was fehlt Ihnen?
頭が 痛い	Kopfschmerzen haben
おなかが 痛い	Bauchschmerzen haben
歯が 痛い	Zahnschmerzen haben
熱が ある	Fieber haben
せきが 出る	Husten haben
鼻水が 出る	die Nase läuft
血が 出る	bluten
吐き気が する	jm. ist übel
寒気が する	frösteln
めまいが する	Schwindelgefühl haben/ jm. ist schwindelig
下痢を する	Durchfall haben
便秘を する	Verstopfung haben
けがを する	sich verletzen
やけどを する	sich verbrennen
食欲が ない	keinen Appetit haben
肩が こる	steife Schulter bekommen
体が だるい	schlapp sein, müde sein
かゆい	es juckt

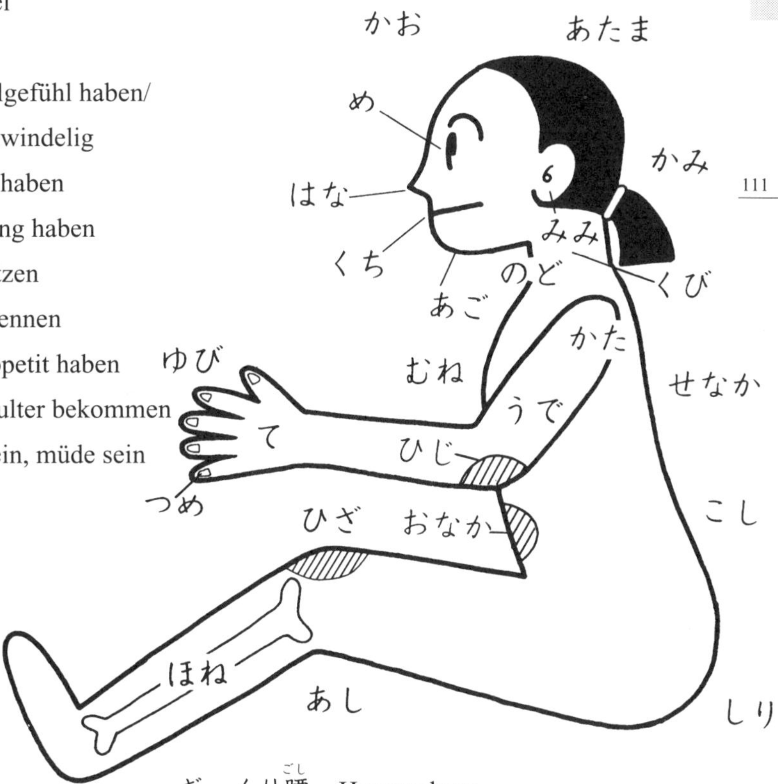

Körperteile (Abbildung): かお, あたま, め, かみ, はな, みみ, くち, のど, くび, あご, ゆび, むね, かた, せなか, て, うで, ひじ, つめ, ひざ, おなか, こし, ほね, あし, しり

		ぎっくり腰	Hexenschuss
かぜ	Erkältung	ねんざ	Verstauchung
インフルエンザ	Grippe	骨折	Knochenbruch
盲腸	Blinddarmentzündung	二日酔い	„Kater"

IV. Grammatik

1. Verb ない-Form
Die Verbform mit der Endung ない heißt ない-Form. So ist zum Beispiel かか in かかない die ない-Form von かきます (schreiben). Die Bildung der ない-Form ist im Folgenden erklärt (s. Lehrbuch, S. 140, L. 17, 練習 A1).

1) Gruppe I
Bei den Verben dieser Gruppe ist der letzte Laut der ます-Form immer aus der い-Spalte. Um die ない-Form zu bilden, wird der letzte Laut gegen einen Laut der あ-Spalte ausgetauscht. Eine Ausnahme bilden Verben wie かいます、あいます, etc., deren letzter Laut der ます-Form い ist. In diesen Fällen wird わ der letzte Laut der ない-Form und nicht あ (s. Lehrbuch, S. 2, かなと拍).

かき－ます　→　かか－ない　　　　いそぎ－ます　→　いそが－ない
よみ－ます　→　よま－ない　　　　あそび－ます　→　あそば－ない
とり－ます　→　とら－ない　　　　まち－ます　→　また－ない
すい－ます　→　すわ－ない　　　　はなし－ます　→　はなさ－ない

2) Gruppe II
Die ない-Form dieser Verben entspricht der ます-Form.

たべ－ます　→　たべ－ない
み－ます　→　み－ない

3) Gruppe III
Die ない-Form von します entspricht der ます-Form. きます wird zu こ (ない).

べんきょうし－ます　→　べんきょうし－ない
し－ます　→　し－ない
き－ます　→　こ－ない

2. ┃Vない-Formないで ください┃　Bitte machen/tun Sie nicht...

Diese Satzstruktur wird verwendet, um den Gesprächspartner zu bitten oder anzuweisen, etwas nicht zu tun.

① わたしは 元気ですから、心配しないで ください。
　　Da es mir gut geht, machen Sie sich bitte keine Sorgen.
② ここで 写真を 撮らないで ください。
　　Bitte fotografieren Sie hier nicht.

3. ┃Vない-Formなければ なりません┃　müssen

Diese Satzstruktur drückt aus, dass eine Handlung unabhängig vom Willen des Handelnden durchgeführt werden muss. Beachten Sie, dass sie keine verneinende Bedeutung hat.

③ 薬を 飲まなければ なりません。　Ich muss das Medikament nehmen.

4. VないーForm なくても いいです   nicht müssen, nicht brauchen

Diese Satzstruktur drückt aus, dass die beschriebene Handlung nicht durchgeführt werden muss.

④ あした 来なくても いいです。　　Sie müssen morgen nicht kommen./
　　　　　　　　　　　　　　　　　Sie brauchen morgen nicht zu kommen.

5. N (Objekt)は

In L. 6 haben Sie gelernt, dass die Partikel を das direkte Objekt eines Satzes bestimmt. Man kann aus dem Objekt das Thema des Satzes machen, indem man die Partikel を durch die Partikel は austauscht.

　　ここに 荷物を 置かないで ください。
　　Stellen Sie hier bitte kein Gepäck ab!
⑤ 荷物は ここに 置かないで ください。
　　Gepäck stellen Sie bitte nicht hier ab!
　　会社の 食堂で 昼ごはんを 食べます。
　　Ich esse in der Firmenkantine zu Mittag.
⑥ 昼ごはんは 会社の 食堂で 食べます。
　　Zu Mittag esse ich in der Firmenkantine.

6. N (Zeit)までに V

Mit dieser Konstruktion wird der Zeitpunkt angezeigt, an dem eine Handlung oder eine Wirkung letztendlich durchgeführt werden soll. Der Zeitpunkt, der mit までに angezeigt wird, ist das Zeitlimit, bis zu dem eine Handlung abgeschlossen sein soll.

⑦ 会議は 5時までに 終わります。
　　Die Konferenz ist (spätestens) bis fünf Uhr beendet.
⑧ 土曜日までに 本を 返さなければ なりません。
　　Bis Samstag muss ich das Buch zurückgegeben haben.

[Anm.] Verwechseln Sie までに nicht mit まで, das Sie in L. 4 gelernt haben!

　　5時まで 働きます。
　　Ich arbeite bis fünf Uhr. (L. 4)

Lektion 18

I. Vokabular

できます Ⅱ		(et.) können, fähig sein, möglich sein
あらいます Ⅰ	洗います	waschen, spülen
ひきます Ⅰ	弾きます	(ein Saiteninstrument) spielen
うたいます Ⅰ	歌います	singen
あつめます Ⅱ	集めます	sammeln
すてます Ⅱ	捨てます	wegwerfen
かえます Ⅱ	換えます	(aus-)tauschen, wechseln
うんてんします Ⅲ	運転します	fahren (am Steuer sitzen)
よやくします Ⅲ	予約します	reservieren, buchen
けんがくします Ⅲ	見学します	besichtigen (auch für Praktika, zum Lernen)
ピアノ		Klavier
－メートル		－Meter
こくさい～	国際～	internationale/r/s ～
げんきん	現金	Bargeld
しゅみ	趣味	Hobby
にっき	日記	Tagebuch
[お]いのり	[お]祈り	Gebet (～を します: beten)
かちょう	課長	Sektionsleiter
ぶちょう	部長	Abteilungsleiter
しゃちょう	社長	Firmenchef

◁会話▷

動物（どうぶつ）	Tier
馬（うま）	Pferd
へえ	Ach, ja? (drückt Erstaunen aus)
それは おもしろいですね。	Das ist ja interessant!
なかなか	nicht einfach, kaum, selten (in Verbindung mit Negationen)
牧場（ぼくじょう）	Viehfarm, Weide
ほんとうですか。	Wirklich?
ぜひ	unbedingt (betont den Wunsch)

～～～～～～～～～～～～～～～～～～～～

ビートルズ	Die Beatles (berühmte britische Musikgruppe)

II. Übersetzungen

Satzstrukturen

1. Herr Miller kann Kanji lesen.
2. Mein Hobby ist, Filme zu sehen.
3. Bevor ich schlafen gehe, schreibe ich in mein Tagebuch.

Beispielsätze

1. Können Sie Ski fahren?
    ···Ja, kann ich. Aber ich bin nicht so gut.
2. Können Sie mit dem PC umgehen, Maria? (wörtl. Können Sie den PC benutzen, Maria?)
    ···Nein(, kann ich nicht).
3. Bis wie viel Uhr kann man das Ôsaka Schloss besichtigen?
    ···Bis fünf Uhr.
4. Kann ich mit Kreditkarte bezahlen?
    ···Es tut mir leid. Sie können nur mit Bargeld bezahlen. (wörtl. Mit Bargeld, bitte.)
5. Was ist Ihr Hobby?
    ···Ich sammle alte Uhren. (wörtl. Alte Uhren zu sammeln.)
6. Müssen japanische Kinder Hiragana erlernen, bevor sie in die Schule kommen?
    ···Nein(, das müssen sie nicht). (wörtl. Nein, sie müssen es nicht erlernen.)
7. Nehmen Sie diese Medizin bitte vor den Mahlzeiten.
    ···Ja. Ich habe verstanden.
8. Wann haben Sie geheiratet?
    ···Wir haben vor drei Jahren geheiratet.

Dialog

Was ist Ihr Hobby?

Yamada: Herr Santos, was ist Ihr Hobby?
Santos: Fotografieren.
Yamada: Was für Fotos machen Sie?
Santos: Tierfotos. Vor allem mag ich Pferde.
Yamada: Ach wirklich? Das ist ja interessant!
    Haben Sie, seitdem Sie in Japan sind, schon Fotos von Pferden gemacht?
Santos: Nein.
    In Japan sieht man kaum Pferde.
Yamada: Auf Hokkaidô gibt es viele Pferdeweiden.
Santos: Wirklich?
    Dann möchte ich in den Sommerferien unbedingt dorthin fahren.

III. Zusatzvokabular & Informationen

動き　BEWEGUNGEN

飛ぶ　fliegen	跳ぶ　springen	登る　klettern	走る　laufen, rennen
泳ぐ　schwimmen	もぐる　tauchen	飛び込む　(ins Wasser) springen	逆立ちする　Handstand machen
はう　kriechen	ける　treten, kicken	振る　winken	持ち上げる　hochheben
投げる　werfen	たたく　klopfen, schlagen	引く　ziehen	押す　schieben, drücken
曲げる　biegen	伸ばす　strecken	転ぶ　hinfallen	振り向く　sich umdrehen

IV. Grammatik

1. Verb Wörterbuchform

Diese Form ist die Grundform (Infinitiv) der Verben, wie sie im Wörterbuch zu finden ist. Deshalb wird sie Wörterbuchform genannt. Die Bildung dieser Form wird im Folgenden erklärt (s. Lehrbuch, S. 148, L. 18, 練習 A1).

1) Gruppe I   Der letzte Laut der ます-Form der Verben dieser Gruppe gehört immer zur い-Spalte. Für die Wörterbuchform wird der letzte Laut durch einen Laut der う-Spalte ausgetauscht (s. Lehrbuch, S. 2, かなと拍).
2) Gruppe II   る wird an die ます-Form angehängt.
3) Gruppe III します wird zu する und きます zu くる.

2. | N / V Wörterbuchform こと | が できます | können

できます ist ein Verb, das eine Fähigkeit oder Möglichkeit beschreibt. Ein Nomen oder V Wörterbuchform こと vor der Partikel が beschreibt den Inhalt der Fähigkeit bzw. Möglichkeit.

1) Nomina

Nomina, die vor der Partikel が stehen, sind meistens Handlungen wie das Auto fahren, Ski fahren, Einkaufen, Tanzen, etc. Nomina, wie z.B. にほんご, welches mit der Handlung はなす oder ピアノ, welches mit der Handlung ひく assoziiert werden, können auch verwendet werden.

① ミラーさんは 日本語が できます。
   Herr Miller kann Japanisch (sprechen).
② 雪が たくさん 降りましたから、ことしは スキーが できます。
   Weil es viel geschneit hat, können wir dieses Jahr Ski fahren.

2) Verben

Wenn man beschreiben will, dass eine Handlung durchgeführt werden kann, dann wird こと an die Wörterbuchform des Verbs angehängt, um aus dem Verb eine Nominalphrase zu machen. An diese Nominalphrase wird が できます angeschlossen.

③ ミラーさんは 漢字を 読む ことが できます。
              ─── Nominalphrase ───
   Herr Miller kann Kanji lesen. (wörtl. Herr Miller ist fähig, Kanji zu lesen.)
④ カードで 払う ことが できます。
   ─── Nominalphrase ───
   Sie können mit Karte bezahlen. (wörtl. Es ist möglich, mit der Karte zu bezahlen.)

3. | わたしの 趣味は { N / V Wörterbuchform こと } です | Mein Hobby ist...

Wie in den Sätzen ⑤ und ⑥ zu sehen ist, kann die Nominalphrase V Wörterbuchform こと den Inhalt eines Hobbys genauer beschreiben als nur ein Nomen.

⑤ わたしの 趣味は 音楽です。   Mein Hobby ist Musik.
⑥ わたしの 趣味は 音楽を 聞く ことです。   Mein Hobby ist Musik hören.

4.
```
V₁ Wörterbuchform
Nの                    } まえに、V₂   Bevor..., ...
Zahlwort (Zeitraum)
```

1) Verben

Mit dieser Konstruktion wird ausgedrückt, dass die Handlung V₂ vor V₁ stattfindet. Unabhängig von dem Tempus von V₂ steht V₁ immer in der Wörterbuchform.

⑦ 日本へ 来る まえに、日本語を 勉強しました。
    Bevor ich nach Japan gekommen bin, habe ich Japanisch gelernt.
⑧ 寝る まえに、本を 読みます。   Bevor ich einschlafe, lese ich ein Buch.

2) Nomina

Wenn まえに nach einem Nomen steht, wird die Partikel の zwischen まえに und das Nomen gestellt. Nomina vor まえに beschreiben oder implizieren Handlungen.

⑨ 食事の まえに、手を 洗います。   Vor dem Essen wasche ich mir die Hände.

3) Zahlwörter (Zeitraum)

Wenn まえに nach einem Zahlwort (Zeitraum) steht, ist die Partikel の nicht notwendig.

⑩ 田中さんは 1時間まえに、出かけました。
    Herr/Frau Tanaka hat vor einer Stunde das Haus verlassen.

5. なかなか

なかなか wird in Verbindung mit Negationen gebraucht und bedeutet „nicht einfach", „nicht wie erwartet".

⑪ 日本では なかなか 馬を 見る ことが できません。
    In Japan sieht man kaum Pferde. (wörtl. In Japan kann man nicht einfach Pferde sehen.)
[Anm.] Die Partikel は in にほんでは in Satz ⑪ hebt die Partikel で, die Orte angibt, hervor, um die Beschränkung auf das beschriebene Gebiet zu betonen.

6. ぜひ

ぜひ wird zusammen mit Ausdrücken von Wünschen, Hoffnungen oder Bitten gebraucht und betont die Aussagen.

⑫ ぜひ 北海道へ 行きたいです。   Ich möchte unbedingt nach Hokkaidô fahren.
⑬ ぜひ 遊びに 来て ください。   Kommen Sie mich unbedingt besuchen. (L. 25)

Lektion 19

I. Vokabular

のぼります I 　［やまに ～］	登ります 　［山に ～］	klettern, [auf einen Berg] steigen
とまります I 　［ホテルに ～］	泊まります	[in einem Hotel] übernachten
そうじします III	掃除します	sauber machen, putzen (ein Zimmer)
せんたくします III	洗濯します	Wäsche waschen
れんしゅうします III	練習します	üben
なります I		werden
ねむい	眠い	müde
つよい	強い	stark
よわい	弱い	schwach
ちょうしが いい	調子が いい	in guter Form sein, fit sein
ちょうしが わるい	調子が 悪い	schlecht in Form sein, außer Form sein
ちょうし	調子	körperliche Verfassung
ゴルフ		Golf (～を します: Golf spielen)
すもう	相撲	Sumô (jap. Ringkampf)
パチンコ		Pachinko (jap. Glücksspiel) (～を します: Pachinko spielen)
おちゃ	お茶	Teezeremonie
ひ	日	Tag, Datum
いちど	一度	einmal
いちども	一度も	kein einziges Mal (mit Verneinung)
だんだん		allmählich, langsam (für Veränderungen)
もうすぐ		bald
おかげさまで		Danke! (wörtl. Dank Ihnen. Redewendung, um Dank für erhaltene Hilfe od. eigene positive Situation auszudrücken)

◀ 会話 ▶

乾杯(かんぱい)	Zum Wohl!/ Prost!
実(じつ)は	in Wirklichkeit, offen gesagt, um ehrlich zu sein
ダイエット	Diät (〜を します: Diät machen)
何回(なんかい)も	mehrmals
しかし	aber
無理(むり)[な]	unmöglich, übertrieben, unvernünftig
体(からだ)に いい	gut für die Gesundheit
ケーキ	Kuchen, Torte

〰〰〰〰〰〰〰〰〰〰〰〰〰〰〰〰

葛飾 北斎(かつしか ほくさい)　　berühmter Maler der Edo-Zeit, bekannt für seine Holzdrucke (1760-1849)

II. Übersetzungen

Satzstrukturen

1. Ich habe schon einmal Sumô gesehen.
2. An freien Tagen spiele ich Tennis, gehe ich spazieren usw.
3. Von jetzt an wird es allmählich heißer.

Beispielsätze

1. Sind Sie schon einmal auf Hokkaidô gewesen? (wörtl. Sind Sie schon einmal nach Hokkaidô gefahren?)
   ···Ja, (ich bin) schon einmal (auf Hokkaidô gewesen). Vor zwei Jahren bin ich zusammen mit einem Freund/einer Freundin dort gewesen.
2. Sind Sie schon mal auf einem Pferd geritten?
   ···Nein, noch kein einziges Mal. Aber ich möchte unbedingt mal reiten.
3. Was haben Sie in den Winterferien gemacht?
   ···Ich habe mir die buddhistischen Tempel und Shintô-Schreine von Kyôto angesehen, habe mit Freunden eine Party gefeiert usw.
4. Was möchten Sie in Japan machen?
   ···Ich möchte reisen, die Teezeremonie lernen usw.
5. Wie geht es Ihnen (gesundheitlich)?
   ···Es geht mir wieder besser, vielen Dank!
6. Ihr Japanisch ist besser geworden!
   ···Danke schön! Aber ich muss noch viel lernen. (wörtl. Aber noch lange nicht.)
7. Teresa, was möchtest du einmal werden?
   ···Ich möchte Ärztin werden.

Dialog

Mit meiner Diät fange ich morgen an!

Alle:	Zum Wohl!

Matsumoto, Yoshiko:	Maria, Sie essen aber wenig!
Maria:	Ja, um ehrlich zu sein, ich mache seit gestern eine Diät.
Matsumoto, Yoshiko:	Ach so? Ich habe auch schon mehrmals eine Diät gemacht.
Maria:	Was für Diäten haben Sie denn gemacht?
Matsumoto, Yoshiko:	Ich habe jeden Tag nur Äpfel gegessen oder viel Wasser getrunken usw.
Abteilungsleiter Matsumoto:	Unvernünftige Diäten sind aber nicht gut für die Gesundheit.
Maria:	Da haben Sie Recht.
Matsumoto, Yoshiko:	Maria, dieser Kuchen schmeckt sehr gut.
Maria:	Ach ja?
	.... Mit meiner Diät fange ich morgen wieder an!

III. Zusatzvokabular & Informationen

伝統文化・娯楽 TRADITIONELLE KULTUR & UNTERHALTUNG

IV. Grammatik

1. Verb た-Form

In dieser Lektion lernen Sie die た-Form kennen. Wie die Vた-Form gebildet wird, sehen Sie in der Tabelle unten (s. Lehrbuch, S. 156, L. 19, 練習 A1).

Die た-Form wird gebildet, indem て bzw. で der Vて-Form durch た bzw. だ ausgetauscht wird.

	て-Form		た-Form
Gruppe I	かいて	→	かいた
	のんで	→	のんだ
Gruppe II	たべて	→	たべた
Gruppe III	きて	→	きた
	して	→	した

2. ┌─────────────────────────────┐
   │ **Vた-Form** ことが あります │   schon einmal V getan haben
   └─────────────────────────────┘

Diese Satzstruktur wird verwendet, wenn man zu dem jetzigen Zeitpunkt einen Sachverhalt, den man in der Vergangenheit erlebt hat, als Erfahrung beschreiben will. Im Prinzip ist dies die gleiche Struktur wie わたしは Nが あります, wie Sie sie in L. 9 gelernt haben. Der Inhalt der Erfahrung wird mit der Nominalphrase Vた-Form こと gekennzeichnet.

① 馬に 乗った ことが あります。　　Ich bin schon einmal auf einem Pferd geritten.

Beachten Sie dabei, dass sich diese Konstruktion von der einfachen Aussage der Vergangenheit unterscheidet.

② 去年 北海道で 馬に 乗りました。

Letztes Jahr auf Hokkaidô bin ich auf einem Pferd geritten.

3. ┌──────────────────────────────────────┐
   │ **Vた-Form**り、**Vた-Form**り します │   V..., V... usw.
   └──────────────────────────────────────┘

In L. 10 haben Sie gelernt, wie man beispielhaft Dinge oder Personen aus einer großen Menge aufzählt (～や ～[など]). Mit der Satzstruktur, die Sie hier lernen, können beispielhaft einige verschiedene Handlungen aufgezählt werden. Das letzte Verb bestimmt das Tempus des ganzen Satzes.

③ 日曜日は テニスを したり、映画を 見たり します。

Sonntags spiele ich Tennis, gehe ich ins Kino usw. (wörtl. ～, sehe das Kino usw.)

④ 日曜日は テニスを したり、映画を 見たり しました。

Am Sonntag habe ich Tennis gespielt, bin ich ins Kino gegangen, usw.

[Anm.] Achten Sie darauf, dass Sie die Bedeutung dieser Struktur nicht mit der Satzstruktur Vて-Form、Vて-Form、V aus L. 16 verwechseln.

⑤ 日曜日は テニスを して、映画を 見ました。

Letzten Sonntag habe ich Tennis gespielt und bin ins Kino gegangen.

In Satz ⑤ ist es klar, dass der Sprecher erst Tennis gespielt hat und dann ins Kino gegangen ist. In Satz ④ wurden die Aktivitäten „Tennis spielen" und „ins Kino gehen" an dem Sonntag nur beispielhaft von vielen aufgezählt und es wurde angedeutet, dass daneben noch andere Aktivitäten durchgeführt wurden. Es gibt keinen zeitlichen Zusammenhang zwischen den beiden Handlungen. Außerdem ist es ungewöhnlich, in einem Satz mit 〜たり、〜たり します , Handlungen wie morgens aufstehen, essen, abends ins Bett gehen, etc., die man jeden Tag ohne Ausnahme durchführt, in die Aufzählung mit einzubeziehen.

4.
| い-Adj(〜い) → 〜く |
| な-Adj[な] → 〜に なります ...werden |
| Nに |

なります bedeutet „werden" und beschreibt die Veränderung eines Zustandes.

⑥ 寒い → 寒く なります　　　　kalt werden
⑦ 元気[な] → 元気に なります　　gesund werden
⑧ 25歳 → 25歳に なります　　　25 Jahre alt werden

5. そうですね

そうですね wird verwendet, um der Aussage des Gesprächspartners zuzustimmen oder mit ihr zu sympathisieren. Ein ähnlicher Ausdruck ist そうですか mit fallender Intonation (s. L. 2, 6). そうですか (mit fallender Intonation) ist ein Ausdruck von Überzeugung oder ein Ausruf, wenn man eine neue Information erhält. そうですね hingegen wird benutzt, um die Zustimmung oder das Mitgefühl für die Aussage des Gesprächspartners zu zeigen, wenn er das erwähnt, was der Sprecher auch schon glaubte oder wusste.

⑨ 寒く なりましたね。　　　　　Es ist kalt geworden, nicht wahr?
　…そうですね。　　　　　　　　…Ja, das ist es.

Lektion 20

I. Vokabular

いります I ［ビザが 〜］	要ります	[ein Visum] benötigen
しらべます II	調べます	untersuchen, überprüfen
なおします I	直します	reparieren, korrigieren
しゅうりします III	修理します	reparieren
でんわします III	電話します	telefonieren
ぼく	僕	ich (informelle Entsprechung für わたし, wird von Männern benutzt)
きみ	君	du (informelle Entsprechung für あなた, wird vorwiegend von Männern benutzt)
〜くん	〜君	Herr (informelle Entsprechung für 〜さん, wird für Männer benutzt)
うん		ja (informelle Entsprechung für はい)
ううん		nein (informelle Entsprechung für いいえ)
サラリーマン		Firmenangestellte(r)
ことば		Wort, Sprache
ぶっか	物価	(Waren-)Preise
きもの	着物	Kimono (traditionelle japanische Kleidung)
ビザ		Visum
はじめ	初め	Anfang
おわり	終わり	Ende
こっち		hierhin, hier (informelle Entsprechung für こちら)
そっち		dahin, da (informelle Entsprechung für そちら)
あっち		dorthin, dort drüben (informelle Entsprechung für あちら)
どっち		welche/r/s (von zwei Möglichkeiten), in welcher Richtung (informelle Entsprechung für どちら)

このあいだ	この間	neulich, vor kurzem
みんなで		alle zusammen (nur für Personen)
～けど		～, aber (informelle Entsprechung für が)

◁会話▷

国(くに)へ 帰(かえ)るの？	Gehst du in dein Land zurück?
どう するの？	Was wirst du denn machen?
どう しようかな。	Was könnte ich denn mal machen?
よかったら	wenn du willst
いろいろ	allerlei

II. Übersetzungen

Satzstrukturen

1. Herr Santos ist nicht zur Party gekommen.
2. In Japan sind die Preise hoch.
3. Das Meer in Okinawa war sehr schön.
4. Heute ist mein Geburtstag.

Beispielsätze

1. Möchtest du ein Eis essen? (wörtl. Isst du ein Eis?)
   ⋯Ja! (wörtl. Ja, esse ich.)
2. Ist da eine Schere?
   ⋯Nein(, es gibt keine).
3. Hast du gestern Frau Kimura getroffen?
   ⋯Nein, habe ich nicht.
4. Sollen wir morgen nicht alle zusammen nach Kyôto fahren? (wörtl. Fahren wir morgen nicht alle zusammen nach Kyôto?)
   ⋯Ja, gute Idee!
5. Schmeckt dieser Curryreis?
   ⋯Ja, er ist zwar scharf, (schmeckt) aber gut.
6. Hast du jetzt Zeit? (wörtl. Hast du jetzt frei?)
   ⋯Ja, warum? (wörtl. Ja, ich habe frei. Was?)
   Hilf mir mal bitte kurz.
7. Hast du ein Wörterbuch?
   ⋯Nein, ich habe keins.

Dialog

Was machst du in den Sommerferien?

Kobayashi: Fährst/Fliegst du in den Sommerferien nach Hause?
Thawaphon: Nein, ich möchte eigentlich zurück, aber...
　　　　　　Und was machst du, Kobayashi?
Kobayashi: Hm, was könnte ich denn machen?
　　　　　　Thawaphon, warst du schon mal auf dem Berg Fuji?
Thawaphon: Nein.
Kobayashi: Tja, wenn du willst, können wir ja zusammen raufgehen?
Thawaphon: Ja. Wann denn?
Kobayashi: Wie wäre es mit Anfang August?
Thawaphon: Klingt gut.
Kobayashi: Gut, dann werde ich mich mal informieren und rufe dich wieder an.
Thawaphon: Danke. Ich warte auf deinen Anruf.

III. Zusatzvokabular & Informationen

人の呼び方　　ANREDE

Tarô, Hanako!

Du, heute hat Tarô Geburtstag, weißt du das?

In Familien sprechen sich alle Mitglieder aus der Sicht des jüngsten Familienmitgliedes an. Eltern rufen ihre Tochter bzw. ihren Sohn mit おねえちゃん (ältere Schwester) bzw. おにいちゃん (älterer Bruder), also aus der Sicht des jüngsten Geschwisterkindes.

Wenn sich Eltern in Gegenwart ihrer Kinder unterhalten, nennt der Mann seine Frau おかあさん (Mutter) oder ママ (Mama), die Frau ruft ihren Mann おとうさん (Vater) oder パパ (Papa). Allerdings ist diese Anrede immer seltener. Neuerdings geht der Trend dazu, dass Paare sich auch beim Vornamen nennen.

Herr Matsumoto, bitte eine Unterschrift!

Dieser Schlips steht Ihnen wirklich gut!

Herr Doktor, ich habe Bauchschmerzen!

Im gesellschaftlichen Leben wird man nach dem Status benannt, den man seinem Gesprächspartner gegenüber einnimmt. In einer Firma z.B. nennt ein Angestellter seinen Vorgesetzten bei dessen Titel z.B. [小川]課長 (Herr/Frau Sektionsleiter(in)). Verkäufer nennen ihre Kunden おきゃくさま (Herr/Frau Kunde/Kundin). Ärzte werden von ihren Patienten せんせい (Lehrer(in)) genannt.

IV. Grammatik

1. Höflicher Stil und einfacher Stil

In der japanischen Sprache werden zwei verschiedene Sprachstile unterschieden, der höfliche Stil und der einfache Stil.

höflicher Stil	einfacher Stil
あした 東京へ 行きます。	あした 東京へ 行く。
Morgen fahre ich nach Tôkyô.	Morgen fahre ich nach Tôkyô.
毎日 忙しいです。	毎日 忙しい。
Ich bin jeden Tag beschäftigt.	Ich bin jeden Tag beschäftigt.
相撲が 好きです。	相撲が 好きだ。
Ich mag Sumô.	Ich mag Sumô.
富士山に 登りたいです。	富士山に 登りたい。
Ich möchte gerne den Berg Fuji besteigen.	Ich möchte gerne den Berg Fuji besteigen.
ドイツへ 行った ことが ありません。	ドイツへ 行った ことが ない。
Ich bin noch nie in Deutschland gewesen.	Ich bin noch nie in Deutschland gewesen.

Das Prädikat des höflichen Stils endet mit です bzw. ます und wird als höfliche Form, das Prädikat des einfachen Stils als einfache Form bezeichnet (s. Lehrbuch, S. 166, L. 20, 練習 A1).

2. Der Gebrauch von höflichem und einfachem Stil

1) Der höfliche Stil kann jederzeit, überall und jeder Person gegenüber verwendet werden. Deshalb wird der höfliche Stil meistens in der täglichen Konversation von Personen, die keine engen Freunde sind, verwendet. Er wird Fremden oder Vorgesetzten gegenüber, aber auch gegenüber Personen der gleichen Altersgruppe, wenn man sie nicht so gut kennt, verwendet. Es kommt vor, dass der höfliche Stil auch gegenüber Jüngeren oder Untergeordneten verwendet wird, wenn man sie nicht so gut kennt.

    Der einfache Stil wird gegenüber Freunden, Kollegen oder Familienmitgliedern verwendet. Um den einfachen Stil in Wirklichkeit angemessen zu verwenden, ist es notwendig, je nach Altersrelation oder „Oben-Unten-Beziehung" zwischen den betreffenden Gesprächsteilnehmern auf die Höflichkeit zu achten. Bei falschem Gebrauch des einfachen Stils kann man dem Gesprächspartner gegenüber unhöflich wirken. Wenn man sich also nicht sicher ist, ob der einfache Stil angebracht ist, sollte man vorsichtshalber den höflichen Stil verwenden.

2) In der Schriftsprache wird normalerweise der einfache Stil verwendet. Im Allgemeinen werden Zeitungen, Bücher, wissenschaftliche Arbeiten oder private Arbeiten wie Tagebücher, etc. im einfachen Stil geschrieben. In Briefen wird allerdings der höfliche Stil verwendet.

3. Dialoge im einfachen Stil

1) Bei Fragen im einfachen Stil wird die Fragepartikel か weggelassen und die Intonation geht am Ende des Satzes nach oben, wie z.B. in のむ (↗).

   ① コーヒーを 飲む？（ ↗ ）
   …うん、飲む。（ ↘ ）

   Möchtest du einen Kaffee trinken? (wörtl. Trinkst du einen Kaffee?)
   …Ja, ich trinke einen.

2) In Fragesätzen mit Prädikatsnomen und Prädikatsadjektiv (な-Adjektiven) wird だ, die einfache Form von です, weggelassen. Eine positive Antwort mit だ zu beenden, klingt etwas grob. Man lässt also entweder だ weg oder schließt eine Satzendpartikel an, um den Satzton etwas sanfter klingen zu lassen. Frauen verwenden kaum だ.

   ② 今晩 暇？
   …うん、暇／暇だ／暇だよ。
   …うん、暇／暇よ。
   …ううん、暇じゃ ない。

   Hast du heute abend Zeit? (wird von Frauen und Männern verwendet)
   …Ja, habe ich. (von Männern verwendet)
   …Ja, habe ich. (von Frauen verwendet)
   …Nein, habe ich nicht. (wird von Frauen und Männern verwendet)

3) In Sätzen im einfachen Stil werden Partikel, deren Bedeutungen aus dem Kontext zu erkennen sind, häufig weggelassen.

   ③ ごはん［を］食べる？
   Willst du etwas essen? (etwas Herzhaftes, Mahlzeit)
   ④ あした 京都［へ］行かない？
   Willst Du morgen nicht mit mir zusammen nach Kyôto fahren?
   ⑤ この りんご［は］おいしいね。　　Dieser Apfel schmeckt gut, nicht wahr?
   ⑥ そこに はさみ［が］ある？　　　Ist da eine Schere?

   Die Partikel で, に, から, まで, と, etc. können allerdings nicht weggelassen werden, da sonst die Bedeutung des Satzes unklar werden kann.

4) In Sätzen im einfachen Stil wird auch oft das い in Vて-Form いる weggelassen.

   ⑦ 辞書、持って［い］る？　　　Hast du ein Wörterbuch?
   …うん、持って［い］る。　　　…Ja, habe ich.
   …ううん、持って［い］ない。　　…Nein, habe ich nicht.

5) けど

   けど hat dieselbe Funktion wie が, und wird oft in den Dialogen verwendet (s. L. 8, 7 und L. 14, 7).

   ⑧ その カレーライス［は］おいしい？　　Schmeckt der Curryreis?
   …うん、辛いけど、おいしい。　　　…Ja, er ist scharf, (schmeckt) aber gut.
   ⑨ 相撲の チケット［が］あるけど いっしょに 行かない？
   …いいね。
   Ich habe Karten für Sumô. Willst du nicht mit mir hingehen?
   …Gut!

Lektion 21

I. Vokabular

おもいます I	思います	denken, glauben, der Meinung sein
いいます I	言います	sagen
たります II	足ります	(aus-)reichen
かちます I	勝ちます	gewinnen, siegen
まけます II	負けます	verlieren (beim Spiel, Wettkampf)
あります I		stattfinden, [ein Fest] findet statt
［おまつりが 〜］	［お祭りが 〜］	
やくに たちます I	役に 立ちます	nützlich sein
むだ［な］		unnütz, sinnlos, verschwenderisch
ふべん［な］	不便［な］	unpraktisch
おなじ	同じ	gleiche/r/s
すごい		toll, großartig, schrecklich, furchtbar (Erstaunen, Bewunderung)
しゅしょう	首相	Premierminister(in)
だいとうりょう	大統領	Präsident(in)
せいじ	政治	Politik
ニュース		Nachrichten
スピーチ		Rede (〜を します: eine Rede halten)
しあい	試合	Spiel, Wettkampf
アルバイト		Nebenjob (〜を します: jobben)
いけん	意見	Meinung
［お］はなし	［お］話	Geschichte, Rede, Gespräch (〜を します: reden, eine Geschichte erzählen)
ユーモア		Humor
むだ		Verschwendung
デザイン		Design
こうつう	交通	Verkehr
ラッシュ		Stoßzeit

さいきん	最近	in letzter Zeit
たぶん		vielleicht, wahrscheinlich
きっと		sicherlich
ほんとうに		wirklich
そんなに		nicht so viel (in Verbindung mit Verneinung)

〜に ついて	über 〜, bezüglich 〜

しかたが ありません。	Da kann man nichts machen.

◀会 話▶

しばらくですね。	Wir haben uns aber lange nicht gesehen!
〜でも 飲みませんか。	Trinken wir ein/e/n 〜 oder so?
見ないと……。	Ich muss es sehen.
もちろん	natürlich

~~~~~~~~~~~~~~~~~~~~~~~~~~~~~~~

カンガルー	Känguru
キャプテン・クック	Kapitän James Cook (1728-1779)

II. Übersetzungen

Satzstrukturen

1. Ich glaube, dass es morgen regnen wird.
2. Der Premierminister/Die Premierministerin hat gesagt, dass er/sie nächsten Monat nach Amerika fährt/fliegt.

Beispielsätze

1. Was ist wichtiger, die Arbeit oder die Familie?
   ···Ich glaube, dass beides wichtig ist.
2. Wie denken Sie über Japan?
   ···Ich bin der Meinung, dass die Preise hoch sind.
3. Wo ist Herr Miller?
   ···Ich glaube, dass er im Konferenzzimmer ist.
4. Kennt Herr Miller diese Nachricht?
   ···Nein, ich glaube, dass er sie wahrscheinlich nicht kennt, weil er auf Geschäftsreise war. (wörtl. Denn er war auf Geschäftsreise.)
5. Ist Teresa schon eingeschlafen?
   ···Ja, ich glaube, dass sie schon eingeschlafen ist.
6. Beten Sie vor dem Essen?
   ···Nein, wir beten nicht, aber wir sagen „itadakimasu".
7. Haben Sie in der Konferenz irgendeine Meinung geäußert?
   ···Ja, ich habe gesagt, dass viele sinnlose Kopien gemacht werden. (wörtl. Ich habe gesagt, dass sinnlose Kopien viel sind.)
8. Im Juli findet in Kyôto ein Fest statt, nicht wahr? (wörtl. Im Juli gibt es ～?)
   ···Ja, es gibt ein Fest.

Dialog

Ich denke auch so

Matsumoto: Ah, Herr Santos, lange nicht gesehen!
Santos: Ach, Herr Matsumoto, wie geht es Ihnen?
Matsumoto: Danke gut! Wollen wir nicht mal ein Bier oder so trinken gehen?
Santos: Ja, gute Idee!

Santos: Heute Abend ab zehn findet das Fußballspiel Japan-Brasilien statt, nicht wahr?
Matsumoto: Ja, stimmt. Ich muss es unbedingt gucken.
Was glauben Sie, wer gewinnen wird?
Santos: Natürlich Brasilien.
Matsumoto: Aber Japan ist in letzter Zeit auch besser geworden.
Santos: Ja, das denke ich auch, aber...
Oh, ich muss langsam mal nach Hause gehen!
Matsumoto: Ja, dann gehen wir nach Hause!

III. Zusatzvokabular & Informationen

役職名 (やくしょくめい) POSITIONENBEZEICHNUNG IN DER GESELLSCHAFT

国 (くに)	Staat	----	首相 (しゅしょう) （内閣総理大臣 ないかくそうりだいじん）	Premierminister(in)
都道府県 (とどうふけん)	Präfektur	----	知事 (ちじ)	Gouverneur(in)
市 (し)	(Groß-)Stadt	----	市長 (しちょう)	(Ober-)Bürgermeister(in)
町 (まち)	Stadt	----	町長 (ちょうちょう)	Bürgermeister(in)
村 (むら)	Dorf	----	村長 (そんちょう)	Dorfvorsteher(in)

大学 (だいがく)	Universität	----	学長 (がくちょう)	Rektor(in)
高等学校 (こうとうがっこう)	Oberschule	----	校長 (こうちょう)	Direktor(in)
中学校 (ちゅうがっこう)	Mittelschule	----		
小学校 (しょうがっこう)	Grundschule	----		
幼稚園 (ようちえん)	Kindergarten	----	園長 (えんちょう)	Leiter(in)

会社 (かいしゃ)	Firma
会長 (かいちょう)	Vorsitzender(in)
社長 (しゃちょう)	Firmenchef(in)
重役 (じゅうやく)	Direktor(in)
部長 (ぶちょう)	Abteilungsleiter(in)
課長 (かちょう)	Sektionsleiter(in)

銀行 (ぎんこう)	Bank
頭取 (とうどり)	Präsident(in)
支店長 (してんちょう)	Filialleiter(in)

駅 (えき)	Bahnhof
駅長 (えきちょう)	Bahnhofsvorsteher(in)

病院 (びょういん)	Krankenhaus
院長 (いんちょう)	Direktor(in)
部長 (ぶちょう)	Chefarzt, -ärztin einer Abteilung
婦長 (ふちょう)	Oberschwester

警察 (けいさつ)	Polizei
署長 (しょちょう)	Polizeipräsident(in)

IV. Grammatik

1. | einfache Form と 思います | Ich glaube, (dass).../Ich denke, (dass).../Ich bin der Meinung, (dass)...

Der Inhalt, der mit おもいます mitgeteilt wird, wird durch die Partikel と gekennzeichnet.

1) Wenn Vermutungen ausgedrückt werden

① あした 雨が 降ると 思います。   Ich glaube, dass es morgen regnen wird.
② テレサちゃんは もう 寝たと 思います。
   Ich glaube, dass Teresa schon eingeschlafen ist.

Wenn der Inhalt der Vermutung negativ ist, wird der Satz vor der Partikel と verneint.

③ ミラーさんは この ニュースを 知って いますか。
   …いいえ、たぶん 知らないと 思います。
   Kennt Herr Miller diese Nachricht?
   …Nein, ich glaube, dass er sie wahrscheinlich nicht kennt.

2) Wenn man seine eigene Meinung ausdrückt

④ 日本は 物価が 高いと 思います。
   Ich bin der Meinung, dass die Preise in Japan hoch sind.

Der Ausdruck ～に ついて どう おもいますか wird verwendet, um nach der Meinung über etwas zu fragen. Die Partikel と ist nach どう nicht notwendig.

⑤ 新しい 空港に ついて どう 思いますか。
   …きれいですが、ちょっと 交通が 不便だと 思います。
   Was halten Sie von dem neuen Flughafen?
   …Ich bin der Meinung, dass er sauber, aber etwas schlecht zu erreichen ist.

Zustimmung oder Ablehnung zu anderen Meinungen können wie folgt ausgedrückt werden.

⑥ A：ファクスは 便利ですね。   A: Faxgeräte sind praktisch, nicht wahr?
  B：わたしも そう 思います。   B: Das denke ich auch.
  C：わたしは そう［は］思いません。 C: Das denke ich nicht.

2. | „S" / einfache Form } と 言います | sagen, (dass)...

Der Inhalt von いいます wird mit der Partikel と gekennzeichnet.

1) Wenn man direkt zitiert (direkte Rede), was jemand sagt oder gesagt hat, dann wird das Gesprochene exakt in 「 」 gesetzt.

⑦ 寝る まえに、「お休みなさい」と 言います。
   Bevor wir ins Bett gehen, sagen wir „Oyasuminasai (Gute Nacht)".
⑧ ミラーさんは 「来週 東京へ 出張します」と 言いました。
   Herr Miller hat gesagt: „Nächste Woche fahre ich auf Dienstreise nach Tôkyô."

2) Wenn indirekt zitiert wird (indirekte Rede), was jemand sagt oder gesagt hat, dann wird vor der Partikel と die einfache Form verwendet. Das Tempus des zitierten Satzes ist unabhängig von dem Tempus des Hauptsatzes.

⑨ ミラーさんは 来週 東京へ 出張すると 言いました。
Herr Miller hat gesagt, dass er nächste Woche auf Dienstreise nach Tôkyô fährt.

3. | V | einfache Form |
    | い-Adj | einfache Form | でしょう?   ..., nicht wahr?
    | な-Adj | einfache Form |
    | N | 〜だ |

Wenn der Sprecher erwartet, dass der Gesprächspartner ein Vorwissen zum Thema hat und dass dieser der Ansicht des Sprechers zustimmen wird, dann wird でしょう mit steigender Intonation verwendet, um sich der Zustimmung des Gesprächspartners zu vergewissern.

⑩ あした パーティーに 行くでしょう?　　　Sie gehen doch morgen zu der Party, nicht wahr?
　…ええ、行きます。　　　　　　　　　　　…Ja, ich gehe.

⑪ 北海道は 寒かったでしょう?　　　　　　Es war kalt auf Hokkaidô, nicht wahr?
　…いいえ、そんなに 寒くなかったです。　…Nein, so kalt war es nicht.

4. **N₁ (Ort)で N₂が あります**

Wenn N₂ eine Veranstaltung oder ein Ereignis wie eine Party, ein Konzert, ein Festival, einen Unfall oder eine Katastrophe beschreibt, bedeutet あります „stattfinden" oder „passieren".

⑫ 東京で 日本と ブラジルの サッカーの 試合が あります。
In Tôkyô findet ein Fußballspiel zwischen Japan und Brasilien statt.

5. **N (Szene, Situation)で**

Die Szene oder Situation, bei der eine Handlung durchgeführt wird, wird durch die Partikel で markiert.

⑬ 会議で 何か 意見を 言いましたか。
Haben Sie in der Konferenz irgendeine Meinung geäußert?

6. **Nでも V**

Die Partikel でも wird verwendet, um ein Beispiel aus Dingen gleicher Art zu geben (s. Satz ⑭ Getränke), wenn man jemanden ermutigen oder auffordern möchte, etwas zu tun oder wenn man einen Vorschlag macht.

⑭ ちょっと ビールでも 飲みませんか。
Wollen wir nicht ein Bier oder so trinken gehen?

7. **Vない-Formないと…**

Dieser Ausdruck entsteht, wenn man いけません von Vない-Formないと いけません weglässt. Vない-Formないと いけません ist ähnlich dem Ausdruck Vない-Formなければ なりません, wie Sie in L. 17 gelernt haben.

⑮ もう 帰らないと……。　　　　　　　Ich muss schon nach Hause gehen.

Lektion 22

I. Vokabular

きます II	着ます	tragen (für Kleidung, die man sich von oben anzieht), [ein Hemd] anziehen
［シャツを ～］		
はきます I		tragen (für Kleidung, die man sich von unten anzieht), [Schuhe] anziehen
［くつを ～］	［靴を ～］	
かぶります I		[einen Hut] aufsetzen
［ぼうしを ～］	［帽子を ～］	
かけます II		[eine Brille] tragen
［めがねを ～］	［眼鏡を ～］	
うまれます II	生まれます	geboren werden
コート		Mantel
スーツ		Anzug
セーター		Pullover
ぼうし	帽子	Hut, Mütze
めがね	眼鏡	Brille
よく		oft
おめでとう ございます。		Herzlichen Glückwunsch! (wird am Geburtstag, bei der Hochzeit, zu Neujahr, etc. verwendet)

◁ 会話 ▷

こちら	diese/r/s (höfliche Entsprechung von これ)
家賃	Miete
うーん。	Hm, also (Lassen Sie mich überlegen …)
ダイニングキチン	Küche mit Essnische
和室	Zimmer im japanischen Stil
押し入れ	japanischer (Einbau-)Schrank
布団	japanische Schlafmatratze und Decke
アパート	Wohnung

～～～～～～～～～～～～～～～～～～～

パリ	Paris
万里の長城	die Große Mauer
余暇開発センター	Entwicklungszentrum für Freizeitaktivitäten
レジャー白書	Weißbuch der Freizeitaktivitäten

II. Übersetzungen

Satzstrukturen

1. Das ist ein Kuchen, den Herr Miller gebacken hat.
2. Der Mann, der dort drüben ist, ist Herr Miller.
3. Ich habe die Wörter vergessen, die ich gestern gelernt habe.
4. Ich habe keine Zeit, einkaufen zu gehen.

Beispielsätze

1. Das ist ein Foto, das ich an der Großen Mauer gemacht habe.
   ···Ach so. Es ist toll!
2. Welches Bild hat Karina gemalt? (wörtl. Welches ist das Bild, das Karina gemalt hat?)
   ···Das dort drüben. Das Bild vom Meer.
3. Wer ist die Frau dort drüben, die einen Kimono trägt?
   ···Das ist Frau Kimura.
4. Herr Yamada, wo haben Sie ihre Frau zum ersten Mal getroffen? (wörtl. Wo ist der Ort, wo Sie Ihre Frau zum ersten Mal getroffen haben?)
   ···Am Ôsaka Schloss.
5. Wie war das Konzert, in das Sie mit Frau Kimura gegangen sind?
   ···Es war sehr gut.
6. Was ist denn los?
   ···Ich habe den Regenschirm verloren, den ich gestern gekauft habe.
7. Was für ein Haus wünschen Sie sich?
   ···Ich wünsche mir ein Haus, das einen großen Garten hat.
8. Wollen wir heute Abend nicht etwas trinken gehen?
   ···Es tut mir leid. Heute Abend habe ich eine Verabredung mit einem Freund/ einer Freundin. (wörtl. Heute Abend gibt es eine Verabredung, mich mit einem Freund/einer Freundin zu treffen.)

Dialog

Was für eine Wohnung hätten Sie gern?

Makler: Wie wäre es hiermit?
Die Miete beträgt 80.000 Yen.
Wang: Hmm, lassen Sie mich überlegen... Es ist etwas weit vom Bahnhof entfernt.
Makler: Nun, und wie wäre es dann hiermit?
Günstig gelegen. Drei Minuten zu Fuß vom Bahnhof entfernt.
Wang: Hm... Es hat eine Küche mit Essecke, ein japanisches Zimmer...
Entschuldigung. Was ist das hier bitte?
Makler: Das ist ein „oshiire". Da können Sie Ihr „futon" hineinlegen.
Wang: Ach so. Können wir die Wohnung heute besichtigen?
Makler: Ja. Sollen wir gleich losgehen?
Wang: Ja, bitte.

III. Zusatzvokabular & Informationen

衣服(いふく) KLEIDUNG

スーツ Anzug	ワンピース Kleid	上着(うわぎ) Jacke	ズボン／パンツ Hose ジーンズ Jeans
スカート Rock	ブラウス Bluse	ワイシャツ (weißes) Hemd	セーター Pullover
マフラー Schal 手袋(てぶくろ) Handschuhe	下着(したぎ) Unterwäsche	くつした Socken パンスト Strumpfhosen	着物(きもの) Kimono 帯(おび) Obi (Kimonogürtel)
オーバーコート Mantel レインコート Regenmantel	ネクタイ Schlips ベルト Gürtel	ハイヒール Stöckelschuhe ブーツ Stiefel 運動靴(うんどうぐつ) Turnschuhe	ぞうり たび Zôri Tabi (jap. (jap. Sandale) Socken)

IV. Grammatik

1. Nähere Bestimmung von Nomen

In L. 2 und 8 haben Sie gelernt, wie man Nomen näher bestimmt.

ミラーさんの うち	das Haus von Herrn Miller (L. 2)
新しい うち	ein neues Haus (L. 8)
きれいな うち	ein schönes Haus (L. 8)

Bei der näheren Bestimmung von Nomen im Japanischen steht das Bestimmungselement immer vor dem Bezugselement, egal ob das Bestimmungselement ein Wort oder ein Satz ist. In dieser Lektion lernen Sie noch eine weitere Art der näheren Bestimmung von Nomen kennen.

2. Nähere Bestimmung von Nomen durch Sätze

1) Das Prädikat des Satzes, der ein Nomen näher bestimmt, steht in der einfachen Form. Im Fall von Sätzen mit Prädikatsadjektiv (な-Adjektiv) wird 〜だ zu 〜な. Im Fall von Sätzen mit Prädikatsnomen wird 〜だ zu 〜の.

① 京都へ 行く 人 — eine Person, die nach Kyôto fährt
　　　　 行かない 人 — nicht nach Kyôto fährt
　　　　 行った 人 — nach Kyôto gefahren ist
　　　　 行かなかった 人 — nicht nach Kyôto gefahren ist

背が 高くて、髪が 黒い 人　eine Person, die groß ist und schwarze Haare hat
親切で、きれいな 人　eine Person, die freundlich und schön ist
65歳の 人　eine Person, die 65 Jahre alt ist

2) Alle Nomina, die verschiedene Elemente eines Satzes sind, können aus diesem herausgenommen und durch den ursprünglichen Satz näher bestimmt werden.

② わたしは 先週 映画を 見ました → わたしが 先週 見た 映画
　　Ich habe letzte Woche einen Film gesehen. → der Film, den ich letzte Woche gesehen habe
③ ワンさんは 病院で 働いて います → ワンさんが 働いて いる 病院
　　Herr Wang arbeitet im Krankenhaus. → das Krankenhaus, in dem Herr Wang arbeitet
④ わたしは あした 友達に 会います → わたしが あした 会う 友達
　　Ich treffe morgen einen Freund/eine Freundin. → der Freund/die Freundin, den/die ich morgen treffe

Wenn die in den Sätzen ②, ③ und ④ unterstrichenen Nomina ein Bezugselement werden, sind die jeweiligen Partikel を, で bzw. に, die im ursprünglichen Satz stehen, nicht notwendig.

3) Das Nomen, das durch einen Satz näher bestimmt wird (in den folgenden Beispielen ミラーさんが すんで いた うち), kann in verschiedenen Satzstrukturen verwendet werden.

⑤ これは ミラーさんが 住んで いた うちです。
Das ist das Haus, in dem Herr Miller gewohnt hat.

⑥ ミラーさんが 住んで いた うちは 古いです。
Das Haus, in dem Herr Miller gewohnt hat, ist alt.

⑦ ミラーさんが 住んで いた うちを 買いました。
Ich habe das Haus, in dem Herr Miller gewohnt hat, gekauft.

⑧ わたしは ミラーさんが 住んで いた うちが 好きです。
Ich mag das Haus, in dem Herr Miller gewohnt hat.

⑨ ミラーさんが 住んで いた うちに 猫が いました。
In dem Haus, in dem Herr Miller gewohnt hat, war eine Katze.

⑩ ミラーさんが 住んで いた うちへ 行った ことが あります。
Ich bin schon einmal in dem Haus, in dem Herr Miller gewohnt hat, gewesen. (wörtl. Ich bin schon einmal zu dem Haus, ～, gefahren.)

3. Nが

Das Subjekt des Satzes, der ein Nomen näher bestimmt, wird mit der Partikel が gekennzeichnet.

ミラーさんは ケーキを 作りました。　　Herr Miller hat einen Kuchen gebacken.
↓

⑪ これは ミラーさんが 作った ケーキです。
Das ist der Kuchen, den Herr Miller gebacken hat.

⑫ わたしは カリナさんが かいた 絵が 好きです。
Ich mag das Bild, das Karina gemalt hat.

⑬ ［あなたは］彼が 生まれた 所を 知って いますか。
Kennen Sie den Ort, an dem er geboren wurde?

4. V Wörterbuchform 時間／約束／用事

Wenn die Zeit einer Handlung beschrieben werden soll, wird das Verb der Handlung wie in Satz ⑭ in der Wörterbuchform vor das Nomen じかん gesetzt.

⑭ わたしは 朝ごはんを 食べる 時間が ありません。
Ich habe keine Zeit zu frühstücken.

Den Inhalt einer Verabredung, etc. kann man wie folgt mit der V Wörterbuchform ausdrücken.

⑮ わたしは 友達と 映画を 見る 約束が あります。
Ich habe eine Verabredung mit einem Freund/einer Freundin. Wir gehen ins Kino. (wörtl. Ich habe eine Verabredung, mit einem Freund/einer Freundin einen Film zu sehen.)

⑯ きょうは 市役所へ 行く 用事が あります。
Heute habe ich etwas im Rathaus zu erledigen. (wörtl. Ich habe eine Angelegenheit, ins Rathaus zu gehen.)

Lektion 23

I. Vokabular

ききます I ［せんせいに ～］	聞きます ［先生に ～］	[den/die Lehrer(in)] fragen
まわします I	回します	drehen
ひきます I	引きます	ziehen
かえます II	変えます	ändern
さわります I ［ドアに ～］	触ります	[die Tür] berühren
でます II ［おつりが ～］	出ます ［お釣りが ～］	herauskommen, [Wechselgeld] kommt heraus
うごきます I ［とけいが ～］	動きます ［時計が ～］	sich bewegen, [die Uhr] funktioniert
あるきます I ［みちを ～］	歩きます ［道を ～］	[den Weg] zu Fuß gehen
わたります I ［はしを ～］	渡ります ［橋を ～］	[die Brücke] überqueren
きを つけます II ［くるまに ～］	気を つけます ［車に ～］	achten, [auf Autos] aufpassen
ひっこしします III	引っ越しします	umziehen
でんきや	電気屋	Elektriker(in)
～や	～屋	～ er(in) (Person, die in dem jeweiligen Geschäft arbeitet, od. Berufsbezeichnung)
サイズ		Größe
おと	音	Ton, Laut
きかい	機械	Maschine
つまみ		Drehknopf
こしょう	故障	Defekt, Panne (～します: versagen, stehen bleiben)
みち	道	Weg
こうさてん	交差点	Kreuzung
しんごう	信号	Ampel
かど	角	Ecke
はし	橋	Brücke
ちゅうしゃじょう	駐車場	Parkplatz

－め	－目	der/die/das －te (Reihenfolge)
［お］しょうがつ	［お］正月	Neujahr
ごちそうさま［でした］。		Es hat sehr gut geschmeckt! (wird nach dem Essen oder Trinken gesagt)

◁ 会話 ▷

建物（たてもの）	Gebäude
外国人登録証（がいこくじんとうろくしょう）	Ausweis für Ausländer, die in Japan leben

〜〜〜〜〜〜〜〜〜〜〜〜〜〜〜〜〜〜〜〜〜〜〜

聖徳太子（しょうとくたいし）	Prinz Shôtoku (574-622)
法隆寺（ほうりゅうじ）	Hôryû-Tempel, (Tempel in der Präfektur Nara, von Prinz Shôtoku Anfang des 7. Jhds. erbaut)
元気茶（げんきちゃ）	fiktive Teesorte
本田駅（ほんだえき）	fiktiver Bahnhof
図書館前（としょかんまえ）	fiktive Bushaltestelle

II. Übersetzungen

Satzstrukturen

1. Wenn Sie Bücher aus der Bibliothek ausleihen, benötigen Sie eine Karte.
2. Drücken Sie auf diesen Knopf und das Wechselgeld kommt heraus. (wörtl. Wenn Sie diesen Knopf drücken, kommt das Wechselgeld heraus.)

Beispielsätze

1. Sehen Sie oft fern?
   ···Hm, wenn es ein Baseballspiel gibt, dann schaue ich es mir an.
2. Was machen Sie, wenn nichts im Kühlschrank ist?
   ···Ich gehe in ein nahegelegenes Restaurant, um etwas zu essen.
3. Haben Sie die Klimaanlage ausgeschaltet, als Sie den Konferenzraum verlassen haben?
   ···Entschuldigung, das habe ich vergessen.
4. Herr Santos, wo kaufen Sie Ihre Kleidung oder Schuhe?
   ···Wenn ich in den Sommerferien oder Neujahr nach Hause fahre, kaufe ich ein, weil mir die Sachen in Japan (zu) klein sind.
5. Was ist das?
   ···Das ist „genki-cha" (wörtl. Munter-Tee). Ich trinke ihn, wenn es mir nicht gut geht.
6. Wenn Sie Zeit haben, wollen Sie nicht zu mir kommen?
   ···Ja, vielen Dank.
7. Haben Sie gejobbt, als Sie Student(in) waren?
   ···Ja, manchmal habe ich gejobbt.
8. Es ist etwas leise, nicht wahr?
   ···Drehen Sie diesen Drehknopf nach rechts, dann wird es lauter. (wörtl. Wenn Sie diesen Drehkopf nach rechts drehen, dann ～.)
9. Entschuldigung, wo ist das Rathaus?
   ···Gehen Sie diesen Weg geradeaus, dann ist es auf der linken Seite. (wörtl. Wenn Sie diesen Weg geradeaus gehen, dann ～.)

Dialog

Können Sie mir bitte sagen, wie ich zu Ihnen komme?

Bibliothekarin: Guten Tag! Midori Bibliothek.
Karina: Ehm, können Sie mir bitte sagen, wie ich zu Ihnen komme?
Bibliothekarin: Nehmen Sie am Bahnhof Honda den Bus Nummer 12 und steigen Sie Toshokan-mae aus. Das ist die dritte Haltestelle.
Karina: Die dritte Haltestelle?
Bibliothekarin: Ja. Wenn Sie aussteigen, sehen Sie vor sich einen Park. Die Bibliothek ist in dem weißen Gebäude im Park.
Karina: Gut, ich habe verstanden.
  Benötige ich etwas, wenn ich Bücher ausleihen möchte?
Bibliothekarin: Sind Sie Ausländerin?
Karina: Ja, bin ich.
Bibliothekarin: Dann bringen Sie bitte Ihren Ausweis für Ausländer mit.
Karina: Ja, haben Sie vielen Dank!

III. Zusatzvokabular & Informationen

道路・交通 (どうろ・こうつう) STRASSEN & VERKEHR

① 歩道 (ほどう) — Fußweg, Bürgersteig
② 車道 (しゃどう) — Fahrbahn
③ 高速道路 (こうそくどうろ) — Schnellstraße, Autobahn
④ 通り (とおり) — Straße
⑤ 交差点 (こうさてん) — Kreuzung
⑥ 横断歩道 (おうだんほどう) — Fußgängerüberweg, Zebrastreifen
⑦ 歩道橋 (ほどうきょう) — Fußgängerbrücke
⑧ 角 (かど) — Ecke
⑨ 信号 (しんごう) — Ampel
⑩ 坂 (さか) — Anstieg, Steigung
⑪ 踏切 (ふみきり) — Bahnübergang
⑫ ガソリンスタンド — Tankstelle

| と
止まれ
Stop | しんにゅうきんし
進入禁止
Durchfahrt verboten | いっぽうつうこう
一方通行
Einbahnstraße | ちゅうしゃきんし
駐車禁止
Parkverbot | うせつきんし
右折禁止
Rechtsabbiegen verboten |

IV. Grammatik

1.
V Wörterbuchform		
Vない-Form		
い-Adj（〜い）	とき、〜	Wenn..., .../ Als..., ...
な-Adjな		
Nの		

とき verbindet zwei Sätze und zeigt den Zeitpunkt an, wann der Zustand, die Handlung oder das Phänomen, das im darauf folgenden Hauptsatz beschrieben wird, stattfindet bzw. eintritt. Wie in der Tabelle oben zu sehen ist, wird とき an die gleichen Formen von Verben, い-Adjektiven, な-Adjektiven und Nomen angeschlossen wie bei der näheren Bestimmung von Nomen.

① 図書館で 本を 借りる とき、カードが 要ります。
   Wenn Sie in der Bibliothek Bücher ausleihen, benötigen Sie eine Karte.
② 使い方が わからない とき、わたしに 聞いて ください。
   Wenn Sie nicht wissen, wie man es benutzt, fragen Sie mich bitte.
③ 体の 調子が 悪い とき、「元気茶」を 飲みます。
   Wenn es mir nicht so gut geht, trinke ich „genki-cha".
④ 暇な とき、うちへ 遊びに 来ませんか。
   Wenn Sie Zeit haben, wollen Sie nicht zu mir kommen?
⑤ 妻が 病気の とき、会社を 休みます。
   Wenn meine Frau krank ist, nehme ich mir (in der Firma) frei.
⑥ 若い とき、あまり 勉強しませんでした。
   Als ich jung war, habe ich nicht so viel gelernt.
⑦ 子どもの とき、よく 川で 泳ぎました。
   Als Kind bin ich oft im Fluss geschwommen.

Das Tempus von Sätzen mit Prädikatsnomen und -adjektiv, die とき näher bestimmen, ist von dem Tempus des Hauptsatzes unabhängig (s. Satz ⑥ und ⑦).

2.
V Wörterbuchform	とき、〜
Vた-Form	

Die Wörterbuchform des Prädikates vor とき zeigt, dass die Handlung nicht vollendet ist. Mit der た-Form des Prädikates vor とき wird eine abgeschlossene Handlung beschrieben.

⑧ 国へ 帰る とき、かばんを 買いました。
   Als ich in mein Land zurückgekehrt bin, habe ich mir (unterwegs) eine Tasche gekauft. (wörtl. Als/Wenn ich in mein Land zurückkehre, 〜.)
⑨ 国へ 帰った とき、かばんを 買いました。
   Als ich in mein Land zurückgekehrt bin, habe ich mir (dort) eine Tasche gekauft.

In Satz ⑧ impliziert かえる, dass die Handlung zu dem gegebenen Zeitpunkt noch nicht abgeschlossen ist, der Sprecher also noch nicht in seinem Heimatland ankam und die Tasche irgendwo unterwegs (z.B. noch in Japan) gekauft hat. In Satz ⑨ impliziert かえった, dass die Handlung bereits abgeschlossen war und der Sprecher die Tasche erst nach der Ankunft in seinem Land gekauft hat.

3. V Wörterbuchform と、～ (Wenn)..., dann (unweigerliche Folgerung)...

Wenn als Folge einer Handlung eine andere Handlung oder eine bestimmte Situation unweigerlich eintritt, verbindet man zwei Sätze mit と.

⑩ この ボタンを 押すと、お釣りが 出ます。
   Wenn Sie diesen Knopf drücken, kommt das Wechselgeld heraus.
⑪ これを 回すと、音が 大きく なります。
   Wenn Sie hier drehen, wird es lauter.
⑫ 右へ 曲がると、郵便局が あります。
   Wenn Sie nach rechts abbiegen, kommen Sie zur Post. (wörtl. ～, gibt es das Postamt.)

Absichten, Wünsche, Aufforderungen, Bitten, etc. können nicht in Sätzen verwendet werden, die hinter ～と stehen.

× 時間が あると、
　　┌ 映画を 見に 行きます。　　　(Absicht)
　　├ 映画を 見に 行きたいです。　(Wunsch)
　　├ 映画を 見に 行きませんか。　(Aufforderung)
　　└ ちょっと 手伝って ください。(Bitte)

In diesen Fällen wird der konditionale Ausdruck ～たら anstelle von と verwendet (s. L. 25).

4. Nが Adjektiv/V

In L. 14 haben Sie gelernt, dass in Sätzen, die natürliche Erscheinungen beschreiben, das Subjekt mit der Partikel が gekennzeichnet wird. Auch in Sätzen, die einen Zustand oder eine Situation neutral beschreiben, wird das Subjekt mit der Partikel が gekennzeichnet.

⑬ 音が 小さいです。
   Die Lautstärke ist niedrig. (wörtl. Der Ton ist klein.)
⑭ 電気が 明るく なりました。
   Das Licht ist heller geworden.
⑮ この ボタンを 押すと、切符が 出ます。
   Wenn Sie diesen Knopf drücken, kommt die Fahrkarte heraus.

5. N (Ort)を V (Bewegung)

Die Partikel を wird verwendet, um den Ort, an dem sich eine Person oder ein Gegenstand bewegt, zu kennzeichnen. Verben der Bewegung wie さんぽします, わたります oder あるきます werden in dieser Satzstruktur verwendet.

⑯ 公園を 散歩します。　　　　　　Ich gehe im Park spazieren.
⑰ 道を 渡ります。　　　　　　　　Ich überquere die Straße.
⑱ 交差点を 右へ 曲がります。　　Ich biege an der Kreuzung nach rechts ab.

Lektion 24

I. Vokabular

くれます II		(mir) geben
つれて いきます I	連れて 行きます	(jn.) mitnehmen
つれて きます III	連れて 来ます	(jn.) mitbringen
おくります I ［ひとを ～］	送ります ［人を ～］	[die Person] bringen
しょうかいします III	紹介します	(jn.) vorstellen, bekannt machen
あんないします III	案内します	führen, den Weg zeigen
せつめいします III	説明します	erklären
いれます II ［コーヒーを ～］		[Kaffee] machen
おじいさん／おじいちゃん		Großvater, alter Mann
おばあさん／おばあちゃん		Großmutter, alte Frau
じゅんび	準備	Vorbereitung (～します: (sich) vorbereiten)
いみ	意味	Bedeutung
［お］かし	［お］菓子	Süßigkeiten, Snacks
ぜんぶ	全部	alle/s (nur für Dinge)
じぶんで	自分で	selbst(-ständig), selber

◁ 会話 ▷

ほかに	außerdem
ワゴン車(しゃ)	Kombiwagen
[お]弁当(べんとう)	Lunchpaket

〜〜〜〜〜〜〜〜〜〜〜〜〜〜〜〜〜〜〜〜〜〜〜〜

母(はは)の日(ひ)	Muttertag

II. Übersetzungen

Satzstrukturen

1. Frau Satô hat mir eine Weihnachtskarte gegeben.
2. Ich habe Frau Kimura ein Buch geliehen.
3. Herr/Frau Yamada hat mir die Telefonnummer des Krankenhauses gegeben.
   (wörtl. Ich habe von Herrn/Frau Yamada die Telefonnummer des Krankenhauses mitgeteilt bekommen.)
4. Meine Mutter hat mir einen Pullover geschickt.

Beispielsätze

1. Tarô, magst du deine Großmutter?
   ⋯Ja, ich mag sie. Sie schenkt mir immer Süßigkeiten.
2. Das ist ein leckerer Wein!
   ⋯Ja, Frau Satô hat ihn mir geschenkt. Es ist ein französischer Wein.
3. Tarô, was wirst du am Muttertag für deine Mutter tun?
   ⋯Ich werde für sie Klavier spielen.
4. Herr Miller, haben Sie das gesamte Essen der Party gestern selbst gekocht?
   ⋯Nein, Herr Wang hat mir geholfen. (wörtl. Ich habe von Herrn Wang Hilfe bekommen.)
5. Sind Sie mit dem Zug gefahren?
   ⋯Nein, Herr/Frau Yamada hat mich mit dem Auto gebracht.

Dialog

Können Sie mir helfen?

Karina: Herr Wang, morgen ist Ihr Umzug, nicht wahr?
Soll ich Ihnen helfen (kommen)?
Wang: Vielen Dank!
Wenn Sie vielleicht so gegen 9 Uhr kommen könnten?
Karina: Wer wird Ihnen noch helfen (kommen)?
Wang: Herr Yamada und Herr Miller werden kommen.
Karina: Wie sieht es mit einem Auto aus?
Wang: Ich leihe mir den Kombi von Herrn Yamada aus.
Karina: Und was machen Sie mit dem Mittagessen?
Wang: Hmm...
Karina: Soll ich Lunchpakete mitbringen?
Wang: Ja, bitte. Vielen Dank!
Karina: Dann bis morgen!

III. Zusatzvokabular & Informationen

<ruby>贈答<rt>ぞうとう</rt></ruby>の<ruby>習慣<rt>しゅうかん</rt></ruby>   GESCHENKESITTE UND -BRAUCH

お<ruby>年玉<rt>としだま</rt></ruby>	Geldgeschenk, das Kinder von ihren Eltern und Verwandten zu Neujahr erhalten
<ruby>入学祝<rt>にゅうがくいわ</rt></ruby>い	Geschenk zum Eintritt in eine Schule, Universität (Geld, Schreibwaren, Bücher, etc.)
<ruby>卒業祝<rt>そつぎょういわ</rt></ruby>い	Geschenk zum Schul- bzw. Universitätsabschluss (Geld, Schreibwaren, Bücher, etc.)
<ruby>結婚祝<rt>けっこんいわ</rt></ruby>い	Hochzeitsgeschenk (Geld, Haushaltsgeräte, etc.)
<ruby>出産祝<rt>しゅっさんいわ</rt></ruby>い	Geschenk zur Geburt (Babykleidung, Spielzeug, etc.)
お<ruby>中元<rt>ちゅうげん</rt></ruby> [Juli oder August] お<ruby>歳暮<rt>せいぼ</rt></ruby> [Dezember]	Geschenk für eine Person, die sich um mich kümmert od. mir behilflich ist, z.B. Arzt/Ärztin, Lehrer(in), Chef(in), etc. (Lebensmittel, etc.)
お<ruby>香典<rt>こうでん</rt></ruby>	Beileidsgeschenk (Geld)
お<ruby>見舞<rt>みま</rt></ruby>い	Geschenk für einen Kranken (Blumen, Obst, etc.)

<ruby>熨斗袋<rt>のしぶくろ</rt></ruby>   Besondere Umschläge für Geldgeschenke

Es gibt verschiedene Arten von besonderen Umschlägen, die man für Geldgeschenke benutzt. Dem Anlass entsprechend sollte der passende Umschlag gewählt werden.

für Hochzeiten	für Feierlichkeiten	für Beerdigungen
(mit rot-weißer, oder gold-silberner Papierschnur)	(außer Hochzeiten) (mit rot-weißer, oder gold-silberner Papierschnur)	(mit schwarz-weißer Papierschnur)

IV. Grammatik

1. くれます

In L. 7 haben Sie gelernt, dass あげます „geben, schenken" bedeutet. Dieses Verb kann aber nicht verwendet werden, wenn jemand etwas dem Sprecher oder der Familie des Sprechers gibt (×さとうさんは わたしに クリスマスカードを あげました). In diesem Fall wird das Verb くれます verwendet.

① わたしは 佐藤さんに 花を あげました。
   Ich habe Frau Satô Blumen gegeben.
② 佐藤さんは わたしに クリスマスカードを くれました。
   Frau Satô hat mir eine Weihnachtskarte gegeben.
③ 佐藤さんは 妹に お菓子を くれました。
   Frau Satô hat meiner jüngeren Schwester Süßigkeiten gegeben.

2. | Vて-Form | あげます / もらいます / くれます |

あげます, もらいます und くれます werden verwendet, um das Geben und Erhalten sowohl von Dingen als auch von Handlungen zu beschreiben. Sie machen deutlich, wer für wen etwas tut und drücken gleichzeitig auch Dank und Wohlwollen aus. In diesem Fall wird die Handlung durch die Vて-Form dargestellt.

1) | **Vて-Form あげます** |

Vて-Form あげます zeigt an, dass man jemandem durch eine Handlung aus Freundlichkeit einen Gefallen tut.

④ わたしは 木村さんに 本を 貸して あげました。
   Ich habe Frau Kimura ein Buch geliehen.

Wenn der Sprecher der Handelnde ist, klingt eine Aussage mit dieser Konstruktion gönnerhaft. Sie sollten diese Konstruktion also nicht einem Ihnen wenig bekannten Vorgesetzen gegenüber verwenden. Wenn man jemandem, der einem nicht sehr nahe steht, seine Hilfe anbietet, um ihm einen Gefallen zu tun oder um ihm einen Vorteil zu verschaffen, wird Vます-Formましょうか (s. L. 14, 6) verwendet.

⑤ タクシーを 呼びましょうか。　　　Soll ich Ihnen ein Taxi rufen?　　(L. 14)
⑥ 手伝いましょうか。
   Kann ich Ihnen helfen? (wörtl. Soll ich Ihnen helfen?)　　(L. 14)

2) ｜Vて-Form もらいます｜

⑦ わたしは 山田さんに 図書館の 電話番号を 教えて もらいました。

Herr/Frau Yamada hat mir die Telefonnummer der Bibliothek gegeben. (wörtl. Ich habe von Herrn/Frau Yamada die Telefonnummer der Bibliothek mitgeteilt bekommen.)

Dieser Ausdruck impliziert ein Gefühl von Dankbarkeit auf der Seite derer, denen ein Gefallen getan wurde.

3) ｜Vて-Form くれます｜

⑧ 母は［わたしに］セーターを 送って くれました。

Meine Mutter hat mir einen Pullover geschickt.

Genauso wie Vて-Form もらいます drückt diese Satzstruktur den Dank des Empfängers aus, dem ein Gefallen getan wurde. Der Unterschied ist, dass bei Vて-Form もらいます der Empfänger der Handlung das Subjekt des Satzes ist, wohingegen bei Vて-Form くれます der Handelnde das Subjekt des Satzes ist und impliziert wird, dass der Handelnde (Subjekt) freiwillig zugunsten des Empfängers agiert. Wenn der Empfänger der Handlung der Sprecher selbst ist, wird わたし (Empfänger)に oft weggelassen.

3. ｜N (Person)が V｜

⑨ すてきな ネクタイですね。　　　　　Das ist aber ein schöner Schlips!

　…ええ、佐藤さんが くれました。　　…Ja, den hat mir Frau Satô geschenkt.

„Schlips" ist Thema des Gesprächspartners:すてきな ネクタイですね. Demgegenüber äußert der Sprecher eine dem Gesprächspartner unbekannte Information über den Schlips: ［この ネクタイは］さとうさんが くれました. Das Subjekt des Satzes, der eine neue Information beinhaltet, wird mit der Partikel が gekennzeichnet.

4. ｜Fragewortが V｜

Sie haben in L. 10 (Sätze mit あります／います) und in L. 12 (Sätze mit Pradikatsadjektiv) gelernt, dass das Subjekt mit der Partikel が gekennzeichnet wird, wenn das Fragewort als Subjekt eines Satzes steht. Dies gilt außerdem auch für andere Sätze mit verbalem Prädikat.

⑩ だれが 手伝いに 行きますか。

　…カリナさんが 行きます。

Wer wird Ihnen helfen kommen? (wörtl. ～ gehen?)

…Karina. (wörtl. Karina wird gehen.)

Lektion 25

I. Vokabular

かんがえます II	考えます	(nach-)denken, überlegen
つきます I	着きます	[am Bahnhof] ankommen
［えきに 〜］	［駅に 〜］	
りゅうがくします III	留学します	ins Ausland gehen, um zu studieren
とります I	取ります	[alt] werden
［としを 〜］	［年を 〜］	
いなか	田舎	Land (Gegenteil zu Stadt), Herkunftsort
たいしかん	大使館	Botschaft
グループ		Gruppe
チャンス		Chance, Gelegenheit
おく	億	100 Millionen
もし ［〜たら］		wenn ［〜］, falls ［〜］
いくら ［〜ても］		selbst wenn ［〜］, egal wie ［〜］

◁ 会話 ▷

転勤(てんきん)	Versetzung (〜します: in ein anderes Büro, in eine Zweigstelle versetzt werden)
こと	Sache, Angelegenheit (〜の こと: Sachen über 〜)
一杯(いっぱい) 飲(の)みましょう。	Lassen Sie uns zusammen etwas trinken!
[いろいろ] お世話(せわ)に なりました。	Vielen Dank für alles, was Sie für mich getan haben!
頑張(がんば)ります I	sich anstrengen, sein Bestes tun
どうぞ お元気(げんき)で。	Alles Gute! (wenn man sich für längere Zeit verabschiedet)

II. Übersetzungen

Satzstrukturen

1. Falls es regnet, gehe ich nicht aus.
2. Selbst wenn es regnet, werde ich ausgehen.

Beispielsätze

1. Was würden Sie gerne machen, wenn Sie 100 Millionen Yen hätten?
   ···Ich würde gerne eine Firma für Computer Software gründen.
2. Was machen Sie, wenn ein Freund/eine Freundin nicht zur verabredeten Zeit kommt?
   ···Dann gehe ich sofort nach Hause!
3. In dem neuen Schuhgeschäft gibt es viele schöne Schuhe.
   ···Ach so? Wenn sie billig sind, möchte ich mir (ein Paar) kaufen.
4. Muss ich diese Arbeit bis morgen abgeben?
   ···Nein, wenn Sie es nicht schaffen, können Sie sie auch am Freitag abgeben.
   (wörtl. Wenn es unmöglich ist, dann geben Sie sie bitte am Freitag ab!)
5. Haben Sie sich schon einen Namen für das Kind überlegt?
   ···Ja, wenn es ein Junge wird, nennen wir ihn „Hikaru". Wenn es ein Mädchen wird, wollen wir sie „Aya" nennen. (wörtl. Wenn es ein Junge ist, dann ist er „Hikaru". Wenn es ein Mädchen ist, dann ist es „Aya".)
6. Wollen Sie sofort arbeiten, wenn Sie die Universität abgeschlossen haben?
   ···Nein, ich würde gerne für ungefähr ein Jahr in verschiedene Länder reisen.
7. Entschuldigen Sie bitte (wörtl. Herr Lehrer/Frau Lehrerin), aber ich verstehe die Bedeutung dieses Wortes nicht.
   ···Haben Sie es im Wörterbuch nachgeschlagen?
   Ja, aber ich verstehe es trotzdem nicht. (wörtl. Ja, aber auch wenn ich es nachschlage, verstehe ich nicht.)
8. Japaner mögen Gruppenreisen, nicht wahr?
   ···Ja, weil es billiger ist.
   Egal wie billig es ist, ich mag keine Gruppenreisen.

Dialog

Vielen Dank für alles, was Sie für mich getan haben

Yamada: Herzlichen Glückwunsch zur Versetzung!
Miller: Danke schön!
Kimura: Wir werden Sie vermissen, wenn Sie nach Tôkyô gehen.
  Vergessen Sie Ôsaka bitte nicht, selbst wenn Sie in Tôkyô sind.
Miller: Natürlich! Frau Kimura, wenn Sie Zeit haben, dann kommen Sie doch bitte unbedingt einmal nach Tôkyô.
Santos: Herr Miller, rufen Sie mich an, wenn Sie in Ôsaka sind.
  Wir können dann zusammen etwas trinken.
Miller: Ja, gerne.
  Haben Sie alle vielen Dank für alles, was Sie für mich getan haben!
Satô: Passen Sie auf sich auf und tun Sie Ihr Bestes!
Miller: Ja, das werde ich. Auch Ihnen alles Gute!

III. Zusatzvokabular & Informationen

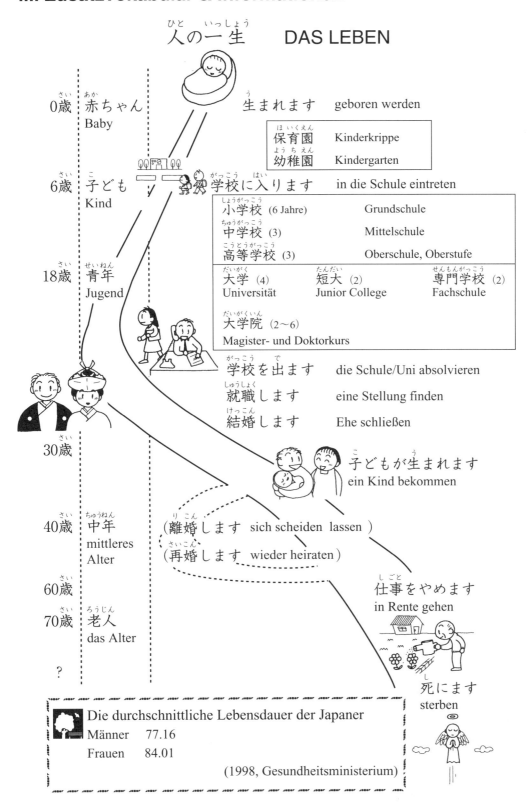

人の一生　DAS LEBEN

0歳	赤ちゃん Baby	生まれます　geboren werden

保育園	Kinderkrippe
幼稚園	Kindergarten

6歳　子ども Kind　　学校に入ります　in die Schule eintreten

小学校 (6 Jahre)	Grundschule
中学校 (3)	Mittelschule
高等学校 (3)	Oberschule, Oberstufe

18歳　青年 Jugend

大学 (4)	短大 (2)	専門学校 (2)
Universität	Junior College	Fachschule

大学院 (2〜6)
Magister- und Doktorkurs

学校を出ます　die Schule/Uni absolvieren
就職します　eine Stellung finden
結婚します　Ehe schließen

30歳

子どもが生まれます　ein Kind bekommen

40歳　中年 mittleres Alter

（離婚します　sich scheiden lassen）
（再婚します　wieder heiraten）

60歳

仕事をやめます　in Rente gehen

70歳　老人 das Alter

?

死にます　sterben

Die durchschnittliche Lebensdauer der Japaner
Männer　77.16
Frauen　84.01

(1998, Gesundheitsministerium)

IV. Grammatik

1. einfache Vergangenheitsform ら、～   Wenn..., .../Falls..., ...

Durch den Anschluss von ら an die einfache Vergangenheitsform von Verben, Adjektiven, etc. wird die Bedingung ausgedrückt, in der ein Sachverhalt oder eine Handlung angenommen wird. Wenn der Sprecher unter dieser Bedingung seinen Standpunkt, seine Meinung, Aufforderung oder Situation ausdrücken möchte, dann wird diese Satzstruktur verwendet.

① お金が あったら、旅行します。
　　Wenn ich Geld hätte/habe, würde/werde ich verreisen.
② 時間が なかったら、テレビを 見ません。
　　Wenn ich keine Zeit habe, sehe ich nicht fern.
③ 安かったら、パソコンを 買いたいです。
　　Wenn er billig ist, würde ich mir gerne einen PC kaufen.
④ 暇だったら、手伝って ください。
　　Falls Sie Zeit haben, können Sie mir bitte helfen? (wörtl. Falls Sie Zeit haben, helfen Sie mir bitte!)
⑤ いい 天気だったら、散歩しませんか。
　　Wenn das Wetter schön ist, wollen wir nicht spazierengehen?

2. Vた-Form ら、～   Wenn..., .../Nachdem..., ...

Diese Satzstruktur zeigt an, dass eine Handlung erst dann durchgeführt wird oder eine Situation entsteht, nachdem eine andere Handlung, ein Sachverhalt oder ein Zustand, der mit Sicherheit eintreten wird, erreicht oder abgeschlossen ist. In dem Hauptsatz steht nie das Vergangenheitstempus.

⑥ 10時に なったら、出かけましょう。
　　Wenn es zehn Uhr wird, lassen Sie uns ausgehen.
⑦ うちへ 帰ったら、すぐ シャワーを 浴びます。
　　Wenn ich nach Hause komme, dusche ich sofort.

3. Vて-Form
   い-Adj(～い) → ～くて
   な-Adj[な] → ～で
   Nで
   }も、～   Selbst wenn..., .../Auch wenn..., ...

Mit dieser Satzstruktur wird eine adversative Bedingung beschrieben. Im Gegensatz zu der einfachen Vergangenheitsform ら、～ wird diese Satzstruktur verwendet, wenn unter den gegebenen Umständen eine Handlung oder ein Sachverhalt, mit denen man selbstverständlich rechnet, nicht durchgeführt wird oder eintritt bzw. wenn ein Resultat den gesellschaftlichen Normen nicht entspricht.

⑧ 雨が 降っても、洗濯します。
    Selbst wenn es regnet, wasche ich Wäsche.
⑨ 安くても、わたしは グループ旅行が 嫌いです。
    Selbst wenn es billig ist, mag ich keine Gruppenreisen.
⑩ 便利でも、パソコンを 使いません。
    Selbst wenn es praktisch ist, benutze ich keinen PC.
⑪ 日曜日でも、働きます。
    Ich arbeite selbst am Sonntag.

4. もし und いくら

もし wird mit たら und いくら mit 〜ても／〜でも benutzt und zeigt im Voraus an, dass der Satz eine Bedingung darstellen wird. もし betont die Annahme des Sprechers, während いくら den Grad der Kondition hervorhebt.

⑫ もし 1億円 あったら、いろいろな 国を 旅行したいです。
    Wenn ich 100 Millionen Yen hätte, würde ich in verschiedene Länder reisen.
⑬ いくら 考えても、わかりません。
    Egal wie viel ich darüber nachdenke, ich verstehe es nicht.
⑭ いくら 高くても、買います。
    Egal wie teuer es ist, ich werde es kaufen.

5. Nが

Wie bereits in L. 16, 4. [Anm.] erklärt, wird das Subjekt von Nebensätzen mit der Partikel が gekennzeichnet. Neben から wird auch in Nebensätzen mit たら, ても, とき, と und まえに das Subjekt mit der Partikel が gekennzeichnet, wie die folgenden Beispielen zeigen.

⑮ 友達が 来る まえに、部屋を 掃除します。
    Bevor meine Freunde kommen, mache ich mein Zimmer sauber.   (L. 18)
⑯ 妻が 病気の とき、会社を 休みます。
    Wenn meine Frau krank ist, nehme ich mir (in der Firma) frei.   (L. 23)
⑰ 友達が 約束の 時間に 来なかったら、どうしますか。
    Was machen Sie, wenn ein Freund/eine Freundin nicht zur verabredeten Zeit kommt?   (L. 25)

Zusammenfassung

I. Partikel

1. [は]
    A: 1) Ich heiße Mike Miller. (Lektion 1)
        2) Ich stehe morgens um sechs Uhr auf. (4)
        3) Die Kirschblüten sind schön. (8)
    B: 1) Wie spät ist es jetzt in New York? (4)
        2) Am Sonntag bin ich mit einem Freund/einer Freundin nach Nara gefahren. (6)
        3) Tôkyô Disneyland ist in der Präfektur Chiba. (10)
        4) Die Daten schicken Sie bitte per Fax. (17)

2. [も]
    A: 1) Maria ist auch Brasilianerin. (1)
        2) Bitte schicken Sie noch dieses Päckchen. (11)
        3) Ich mag beides. (12)
        4) Ich habe schon mehrmals eine Diät gemacht. (19)
    B: 1) Ich bin nirgendwohin gefahren. (5)
        2) Ich habe nichts gegessen. (6)
        3) Es war niemand da. (10)

3. [の]
    A: 1) Die Person dort drüben ist Herr Miller von IMC. (1)
        2) Das hier ist ein Buch über Computer. (2)
        3) Das da (bei Ihnen) ist mein Regenschirm. (2)
        4) Das hier ist ein japanisches Auto. (3)
        5) Haben Sie gestern Abend gelernt? (4)
        6) Wie ist Ihr Japanischstudium? (8)
        7) Auf dem Tisch liegt ein Foto. (10)
        8) Sagen Sie mir bitte, wie man diese *Kanji* liest. (14)
        9) Ich komme aus Bandung in Indonesien. (16)
    B: 1) Gehört die Tasche hier Frau Satô? (2)
        2) Woher kommt die Kamera?
            ···Das ist eine japanische. (3)
    C: Haben Sie es auch noch etwas größer? (14)

4. [を]
    A: 1) Ich trinke Saft. (6)
        2) Ich werde für eine Woche verreisen. (11)
        3) Ich gehe mein Kind um zwei Uhr abholen. (13)

    B: 1) Gestern habe ich mir (in der Firma) frei genommen. (11)
       2) Ich verlasse jeden Morgen um acht Uhr das Haus. (13)
       3) Ich steige in Kyôto aus dem Zug aus. (16)
    C: 1) Ich gehe jeden Morgen im Park spazieren. (13)
       2) Überqueren Sie bitte an der Ampel die Straße. (23)
       3) Gehen Sie den Weg geradeaus, dann kommen Sie zum Bahnhof. (23)

5. [が]
    A: 1) Ich mag italienisches Essen. (9)
       2) Herr Miller kann gut kochen. (9)
       3) Ich verstehe ein bisschen Japanisch. (9)
       4) Haben Sie Kleingeld? (9)
       5) Ich habe zwei Kinder. (11)
       6) Ich hätte gerne einen PC. (13)
       7) Können Sie Ski fahren? (18)
       8) Ich benötige einen Kassettenrekorder. (20)
    B: 1) Dort drüben ist ein Mann. (10)
       2) Auf dem Tisch liegt ein Foto. (10)
       3) Nächsten Monat findet in Kyôto ein Fest statt. (21)
    C: 1) In Tôkyô sind viele Menschen. (12)
       2) Herr Santos ist groß. (16)
       3) Mir tut der Hals weh. (17)
    D: 1) Was ist schneller, der Bus oder der Zug?
          ···Der Zug ist schneller. (12)
       2) Baseball ist die interessanteste Sportart. (12)
    E: 1) Es regnet. (14)
       2) Wenn Sie hier berühren, kommt Wasser raus. (23)
       3) Die Lautstärke ist niedrig. (23)
    F: 1) Nachdem das Konzert zu Ende ist, gehen wir essen. (16)
       2) Was machen Sie, wenn ein Freund/eine Freundin nicht zur verabredeten Zeit kommt? (25)
       3) Wenn meine Frau krank ist, nehme ich mir (in der Firma) frei. (23)
       4) Welches Bild hat Karina gemalt? (22)
    G: 1) Frau Satô hat mir Wein gegeben. (24)
       2) Wer hat für Sie bezahlt? (24)

6. [に]
    A: 1) Ich stehe morgens um sechs Uhr auf. (4)
       2) Im bin am 25. März nach Japan gekommen. (5)
    B: 1) Ich habe Frau Kimura Blumen geschenkt. (7)
       2) Ich schreibe meiner Familie und meinen Freunden Weihnachtskarten. (7)

C: 1) Ich habe von Herrn Santos ein Souvenir bekommen. (7)
   2) Ich habe von einem Kollegen/einer Kollegin ein Buch geliehen. (7)
D: 1) Auf dem Tisch liegt ein Foto. (10)
   2) Meine Familie ist in New York. (10)
   3) Maria wohnt in Ôsaka. (15)
E: 1) Morgen treffe ich mich mit einem Freund/einer Freundin. (6)
   2) Haben Sie sich schon an das Leben in Japan gewöhnt? (8)
   3) Gehen wir ins Café dort drüben! (13)
   4) Setzen Sie sich bitte hier hin! (15)
   5) Ich nehme in Umeda den Zug. (16)
   6) Schreiben Sie bitte hier Ihren Namen! (14)
   7) Wenn Sie hier berühren, kommt Wasser raus. (23)
F: Ich spiele einmal pro Woche Tennis. (11)
G: 1) Ich bin nach Japan gekommen, um Wirtschaftswissenschaften zu studieren. (13)
   2) Ich fahre nach Kyôto, um mir die Kirschblüten anzuschauen. (13)
H: Teresa ist 10 Jahre alt geworden. (19)

7. [へ]
1) Ich fahre mit einem Freund/einer Freundin nach Kyôto. (5)
2) Ich gehe nach Frankreich, um Kochen zu lernen. (13)
3) Biegen Sie bitte an der Ampel nach rechts ab! (14)

8. [で]
A: 1) Ich fahre mit dem Taxi nach Hause zurück. (5)
   2) Ich schicke die Daten per Fax. (7)
   3) Schreiben Sie Ihre Berichte auf Japanisch? (7)
B: 1) Ich kaufe eine Zeitung am Bahnhof. (6)
   2) Im Juli findet in Kyôto ein Fest statt. (21)
C: Ich mag den Sommer am liebsten im Jahr. (12)

9. [と]
A: 1) Ich bin mit meiner Familie nach Japan gekommen. (5)
   2) Frau Satô unterhält sich mit dem Abteilungsleiter im Konferenzzimmer. (14)
B: 1) Ich habe samstags und sonntags frei. (4)
   2) Der Buchladen ist zwischen dem Blumenladen und dem Supermarkt. (10)
   3) Was ist interessanter, Fußball oder Baseball? (12)
C: 1) Ich glaube, dass es morgen regnen wird. (21)
   2) Der Premierminister/Die Premierministerin hat gesagt, dass er/sie nächsten Monat nach Amerika fährt/fliegt. (21)

10. [や]
In der Schachtel sind alte Briefe, Fotos usw. (10)

11. ［から］［まで］
　A: 1) Ich arbeite von neun bis fünf Uhr. (4)
　　 2) Die Bank ist von neun bis drei Uhr (geöffnet). (4)
　　 3) Ich habe gestern bis zehn Uhr gearbeitet. (4)
　B: 1) Chilisoße ist im zweiten Regal von unten. (10)
　　 2) Von meinem Land bis Japan dauert es mit dem Flugzeug vier Stunden. (11)
　　 3) Soll ich Sie am Bahnhof abholen (kommen)? (14)

12. ［までに］
　　Bis Samstag muss ich das Buch zurückgegeben haben. (17)

13. ［より］
　　China ist größer als Japan. (12)

14. ［でも］
　　Wollen wir nicht mal ein Bier oder so trinken gehen? (21)

15. ［か］
　A: 1) Ist Herr Santos Brasilianer? (1)
　　 2) Ist das ein Druckbleistift oder ein Kugelschreiber? (2)
　　 3) Wollen Sie nicht zusammen mit mir einen Film anschauen? (6)
　B:　Entschuldigen Sie. Wo ist der Yunyûya Store?
　　　…Der Yunyûya Store? Der ist in dem Gebäude dort drüben. (10)
　C:　Gehört Ihnen dieser Regenschirm?
　　　…Nein. Er gehört Herrn Schmidt.
　　　Ach so. (2)

16. ［ね］
　　1) Ich habe gestern Abend wieder bis zwölf Uhr gelernt.
　　　…Das ist ganz schön anstrengend, nicht wahr? (4)
　　2) Der Löffel ist aber schön! (7)
　　3) Hmm..., die Nummer ist 871-6813.
　　　…871-6813, nicht wahr? (4)
　　4) Sehen Sie den Mann dort drüben? Wer ist das? (10)

17. ［よ］
　　Fährt dieser Zug nach Kôshien?
　　…Nein, aber der nächste Personenzug. (5)

II. Anwendung der Formen

1. [ます-Form]

ます-Formませんか	Wollen Sie nicht mit mir einen Tee trinken?	(Lektion 6)
ます-Formましょう	Treffen wir uns um fünf Uhr.	(6)
ます-Formたいです	Ich möchte eine Kamera kaufen.	(13)
ます-Formに いきます	Ich gehe mir einen Film ansehen.	(13)
ます-Formましょうか	Soll ich Ihnen ein Taxi rufen?	(14)

2. [て-Form]

て-Form ください	Entschuldigung, aber können Sie mir bitte Ihren Kugelschreiber ausleihen?	(14)
て-Form います	Frau Satô unterhält sich gerade mit Herrn Miller.	(14)
	Maria wohnt in Ôsaka.	(15)
て-Form も いいです	Darf ich rauchen?	(15)
て-Formは いけません	Sie dürfen im Kunstmuseum nicht fotografieren.	(15)
て-Formから、～	Nachdem ich die Arbeit beendet habe, gehe ich schwimmen.	(16)
て-Form、て-Form、～	Morgens jogge ich, dusche mich und gehe in die Firma.	(16)
て-Form あげます	Ich leihe Herrn Miller eine CD.	(24)
て-Form もらいます	Frau Satô hat mich zum Ôsaka Schloss mitgenommen.	(24)
て-Form くれます	Herr/Frau Yamada hat mich mit dem Auto gebracht.	(24)

3. [ない-Form]

ない-Formないで ください	Bitte fotografieren Sie hier nicht.	(17)
ない-Formなければ なりません	Sie müssen Ihren Reisepass zeigen.	(17)
ない-Formなくても いいです	Sie müssen Ihre Schuhe nicht ausziehen.	(17)

4. [Wörterbuchform]

Wörterbuchformことが できます	Ich kann Klavier spielen.	(18)
Wörterbuchformことです	Mein Hobby ist Filme ansehen.	(18)
Wörterbuchformまえに、～	Bevor ich einschlafe, lese ich ein Buch.	(18)
Wörterbuchformと、～	Wenn Sie nach rechts abbiegen, kommen Sie zur Post.	(23)

5. [た-Form]

た-Form ことが あります	Ich bin schon einmal auf Hokkaidô gewesen.	(19)
た-Formり、た-Formり します	An freien Tagen spiele ich Tennis, gehe spazieren usw.	(19)

6. ［einfache Form］(e.F.)
   e.F. と おもいます   Ich glaube, dass Herr Miller schon nach Hause
   　　　　　　　　　　　gegangen ist. (21)
   　　　　　　　　　　　Ich bin der Meinung, dass die Preise in Japan
   　　　　　　　　　　　hoch sind. (21)
   　　　　　　　　　　　Ich glaube, dass die Familie am wichtigsten ist. (21)
   e.F. と いいます   Mein älterer Bruder hat gesagt, dass er bis zehn
   　　　　　　　　　　　Uhr nach Hause kommt. (21)

Verb	e.F.	
い-Adj	e.F.	でしょう？
な-Adj	e.F.	
Nomen	～だ	

   　　　　　　　　　　　Sie gehen doch morgen zu der Party, nicht wahr? (21)
   　　　　　　　　　　　Die Stoßzeit morgens ist schrecklich, nicht wahr? (21)
   　　　　　　　　　　　PCs sind praktisch, nicht wahr? (21)
   　　　　　　　　　　　Er ist Amerikaner, nicht wahr? (21)
   Verb e.F. Nomen   Das ist der Kuchen, den ich gebacken habe. (22)

7. | Verb e.F. | |
い-Adj	とき、～
な-Adjな	
Nomenの	

   　　　　　　　　　　　Wenn ich Zeitung lese, setze ich meine Brille auf. (23)
   　　　　　　　　　　　Wenn ich müde bin, trinke ich Kaffee. (23)
   　　　　　　　　　　　Wenn ich Zeit habe, sehe ich mir Videos an. (23)
   　　　　　　　　　　　Wenn es regnet, nehme ich ein Taxi. (23)

8. Verb einfache
   Vergangenheitsform ら、～
   　　　　　　　　　　　Wenn ich einen PC hätte, wäre das praktisch. (25)
   　　　　　　　　　　　Wenn er billig ist, kaufe ich einen PC. (25)
   　　　　　　　　　　　Wenn es einfach zu bedienen ist, kaufe ich es. (25)
   　　　　　　　　　　　Wenn das Wetter schön ist, gehe ich spazieren. (25)

9. | Verb て-Form | |
い-Adj～くて	も、～
な-Adjで	
Nomenで	

   　　　　　　　　　　　Selbst wenn ich es im Wörterbuch nachschlage,
   　　　　　　　　　　　verstehe ich es nicht. (25)
   　　　　　　　　　　　Selbst wenn es billig ist, kaufe ich mir keinen PC. (25)
   　　　　　　　　　　　Selbst wenn Sie es nicht mögen, müssen Sie es
   　　　　　　　　　　　essen. (25)
   　　　　　　　　　　　Er arbeitet selbst am Sonntag. (25)

III. Adverbien und adverbiale Ausdrücke

1.
みんな	Die ausländischen Lehrer sind alle Amerikaner.	(Lektion 11)
ぜんぶ	Ich habe alle meine Hausaufgaben gemacht.	(24)
たくさん	Ich habe viel Arbeit.	(9)
とても	In Peking ist es sehr kalt.	(8)
よく	Herr Wang versteht gut Englisch.	(9)
だいたい	Teresa kennt die meisten *Hiragana*.	(9)
すこし	Maria kennt ein bisschen *Katakana*.	(9)
ちょっと	Ruhen wir uns doch ein bisschen aus!	(6)
もう すこし	Haben Sie es auch noch etwas kleiner?	(14)
もう	Machen Sie bitte noch eine Kopie!	(14)
ずっと	Tôkyô hat bei weitem mehr Einwohner als New York.	(12)
いちばん	Ich mag am liebsten Tempura (von dem japanischen Essen).	(12)
	Hefte sind im obersten Regal dort drüben.	(10)

2.
いつも	Ich esse immer in der Mensa zu Mittag.	(6)
ときどき	Manchmal esse ich im Restaurant.	(6)
よく	Herr Miller geht oft in Cafés.	(22)
はじめて	Gestern habe ich zum ersten Mal Sushi gegessen.	(12)
また	Kommen Sie bitte morgen wieder!	(14)
もう いちど	Bitte noch einmal!	(11)

3.
いま	Es ist jetzt zehn nach zwei.	(4)
すぐ	Bitte schicken Sie den Bericht sofort.	(14)
もう	Ich habe mir schon meine Fahrkarte für den Shinkansen gekauft.	(7)
	Es ist schon acht Uhr, nicht wahr?	(8)
まだ	Haben Sie schon zu Mittag gegessen?	
	…Nein, noch nicht.	(7)
これから	Ich gehe jetzt Mittag essen.	(7)
そろそろ	Es ist langsam Zeit zu gehen.	(8)
あとで	Ich komme später wieder.	(14)
まず	Drücken Sie zunächst diese Taste.	(16)
つぎに	Als nächstes stecken Sie Ihre Karte hinein.	(16)
さいきん	In letzter Zeit ist Japan im Fußball besser geworden.	(21)

4.
じぶんで	Ich habe das gesamte Essen der Party selbst gekocht.	(24)
ひとりで	Ich gehe alleine ins Krankenhaus.	(5)
みんなで	Wir fahren morgen alle zusammen nach Kyôto.	(20)
いっしょに	Wollen Sie nicht zusammen mit mir ein Bier trinken?	(6)
べつべつに	Bitte rechnen Sie getrennt ab!	(13)
ぜんぶで	Das macht zusammen 500 Yen.	(11)

ほかに	Wer wird Ihnen noch helfen (kommen)?	(24)
はやく	Ich gehe früh nach Hause.	(9)
ゆっくり	Sprechen Sie bitte langsam.	(14)
	Ruhen Sie sich heute gut aus.	(17)
だんだん	Von jetzt an wird es allmählich heißer.	(19)
まっすぐ	Fahren Sie bitte geradeaus!	(14)

5.
あまり	Das Wörterbuch ist nicht so gut.	(8)
ぜんぜん	Ich verstehe überhaupt kein Indonesisch.	(9)
なかなか	In Japan sieht man kaum Pferde.	(18)
いちども	Ich habe noch nie Sushi gegessen.	(19)
ぜひ	Ich will unbedingt nach Hokkaidô fahren.	(18)
たぶん	Ich glaube, dass es Herr Miller wahrscheinlich nicht kennt.	(21)
きっと	Ich glaube, dass morgen sicherlich schönes Wetter wird.	(21)
もし	Wenn ich 100 Millionen Yen hätte, würde ich meine eigene Firma gründen.	(25)
いくら	Egal wie billig es ist, ich mag keine Gruppenreisen.	(25)

6.
とくに	In diesem Film war vor allem der Vater gut.	(15)
じつは	Um ehrlich zu sein, ich mache gerade eine Diät.	(19)
ほんとうに	Ich bin der Meinung, dass Lebensmittel in Japan wirklich teuer sind.	(21)
もちろん	Ich glaube, dass Brasilien natürlich das Spiel gewinnen wird.	(21)

IV. Verschiedene Konjunktionen und konjunktionale Ausdrücke

1. そして　　　Die U-Bahn in Tôkyô ist sauber. Und sie ist praktisch. (Lektion 8)
   〜で　　　　Nara ist eine ruhige und schöne Stadt. (16)
   〜くて　　　Dieser PC hier ist leicht und praktisch. (16)
   それから　　Ich möchte das hier bitte per Eilzustellung schicken. Und dann noch dieses Päckchen. (11)
   〜たり　　　An freien Tagen spiele ich Tennis, gehe spazieren usw. (19)
   〜が　　　　Entschuldigung, aber können Sie mir bitte einen Kugelschreiber ausleihen? (14)

2. それから　　Ich habe Japanisch gelernt. Dann habe ich mir einen Film angesehen. (6)
   〜てから　　Nachdem das Konzert zu Ende war, haben wir in einem Restaurant gegessen. (16)
   〜て、〜て　Morgens jogge ich, dusche mich und gehe in die Firma. (16)
   〜まえに　　Bevor ich ins Bett gehe, schreibe ich in mein Tagebuch. (18)
   〜とき　　　Wenn Sie in der Bibliothek Bücher ausleihen, benötigen Sie eine Karte. (23)

3. から　　　　Weil ich keine Zeit habe, gehe ich nirgendwohin. (9)
   ですから　　Heute hat meine Frau Geburtstag. Deshalb muss ich früh nach Hause gehen. (17)

4. 〜が　　　　„Die Sieben Samurai" ist zwar ein alter, aber interessanter Film. (8)
   でも　　　　Die Reise hat Spaß gemacht, aber es war anstrengend. (12)
   〜けど　　　Der Curryreis ist zwar scharf, (schmeckt) aber gut. (20)
   しかし　　　Weil Tanzen gesund ist, werde ich es von morgen an jeden Tag üben.
   　　　　　　…Aber unvernünftige Übungen sind auch nicht gesund! (19)

5. じゃ　　　　Das hier ist ein italienischer Wein.
   　　　　　　…Dann geben Sie mir bitte eine Flasche davon. (3)
   〜と　　　　Wenn Sie diesen Knopf drücken, kommt das Wechselgeld heraus. (23)
   〜たら　　　Falls es regnet, gehe ich nicht aus. (25)

6. 〜ても　　　Selbst wenn es regnet, werde ich ausgehen. (25)

ANHANG

I. Zahlen

0	ゼロ、れい	100	ひゃく
1	いち	200	にひゃく
2	に	300	さんびゃく
3	さん	400	よんひゃく
4	よん、し	500	ごひゃく
5	ご	600	ろっぴゃく
6	ろく	700	ななひゃく
7	なな、しち	800	はっぴゃく
8	はち	900	きゅうひゃく
9	きゅう、く		
10	じゅう	1,000	せん
11	じゅういち	2,000	にせん
12	じゅうに	3,000	さんぜん
13	じゅうさん	4,000	よんせん
14	じゅうよん、じゅうし	5,000	ごせん
15	じゅうご	6,000	ろくせん
16	じゅうろく	7,000	ななせん
17	じゅうなな、じゅうしち	8,000	はっせん
18	じゅうはち	9,000	きゅうせん
19	じゅうきゅう、じゅうく		
20	にじゅう	10,000	いちまん
30	さんじゅう	100,000	じゅうまん
40	よんじゅう	1,000,000	ひゃくまん
50	ごじゅう	10,000,000	せんまん
60	ろくじゅう	100,000,000	いちおく
70	ななじゅう、しちじゅう		
80	はちじゅう	17.5	じゅうななてんご
90	きゅうじゅう	0.83	れいてんはちさん
		$\frac{1}{2}$	にぶんの いち
		$\frac{3}{4}$	よんぶんの さん

II. Zeit

Tag	Morgen	Abend
おととい vorgestern	おとといの あさ vorgestern Morgen	おとといの ばん vorgestern Abend
きのう gestern	きのうの あさ gestern Morgen	きのうの ばん gestern Abend
きょう heute	けさ heute Morgen	こんばん heute Abend
あした morgen	あしたの あさ morgen früh	あしたの ばん morgen Abend
あさって übermorgen	あさっての あさ übermorgen früh	あさっての ばん übermorgen Abend
まいにち jeden Tag	まいあさ jeden Morgen	まいばん jeden Abend

Woche	Monat	Jahr
せんせんしゅう (にしゅうかんまえ) vorletzte Woche (vor zwei Wochen)	せんせんげつ (にかげつまえ) vorletzten Monat (vor zwei Monaten)	おととし vorletztes Jahr
せんしゅう letzte Woche	せんげつ letzten Monat	きょねん letztes Jahr
こんしゅう diese Woche	こんげつ diesen Monat	ことし dieses Jahr
らいしゅう nächste Woche	らいげつ nächsten Monat	らいねん nächstes Jahr
さらいしゅう übernächste Woche	さらいげつ übernächsten Monat	さらいねん übernächstes Jahr
まいしゅう jede Woche	まいつき jeden Monat	まいとし、まいねん jedes Jahr

Zeitangaben

	Uhr 一時		Minuten 一分
1	いちじ	1	いっぷん
2	にじ	2	にふん
3	さんじ	3	さんぷん
4	よじ	4	よんぷん
5	ごじ	5	ごふん
6	ろくじ	6	ろっぷん
7	しちじ	7	ななふん、しちふん
8	はちじ	8	はっぷん
9	くじ	9	きゅうふん
10	じゅうじ	10	じゅっぷん、じっぷん
11	じゅういちじ	15	じゅうごふん
12	じゅうにじ	30	さんじゅっぷん、さんじっぷん、はん
?	なんじ	?	なんぷん

Wochentage ～曜日	
にちようび	Sonntag
げつようび	Montag
かようび	Dienstag
すいようび	Mittwoch
もくようび	Donnerstag
きんようび	Freitag
どようび	Samstag
なんようび	welcher Wochentag

Datum					
Monat 一月		Tag 一日			
1	いちがつ	1	ついたち	17	じゅうしちにち
2	にがつ	2	ふつか	18	じゅうはちにち
3	さんがつ	3	みっか	19	じゅうくにち
4	しがつ	4	よっか	20	はつか
5	ごがつ	5	いつか	21	にじゅういちにち
6	ろくがつ	6	むいか	22	にじゅうににち
7	しちがつ	7	なのか	23	にじゅうさんにち
8	はちがつ	8	ようか	24	にじゅうよっか
9	くがつ	9	ここのか	25	にじゅうごにち
10	じゅうがつ	10	とおか	26	にじゅうろくにち
11	じゅういちがつ	11	じゅういちにち	27	にじゅうしちにち
12	じゅうにがつ	12	じゅうににち	28	にじゅうはちにち
?	なんがつ	13	じゅうさんにち	29	にじゅうくにち
		14	じゅうよっか	30	さんじゅうにち
		15	じゅうごにち	31	さんじゅういちにち
		16	じゅうろくにち	?	なんにち

III. Zeitraum

Zeit	
Stunden －時間	Minuten －分
1	いちじかん	いっぷん
2	にじかん	にふん
3	さんじかん	さんぷん
4	よじかん	よんぷん
5	ごじかん	ごふん
6	ろくじかん	ろっぷん
7	ななじかん、しちじかん	ななふん、しちふん
8	はちじかん	はっぷん
9	くじかん	きゅうふん
10	じゅうじかん	じゅっぷん、じっぷん
?	なんじかん	なんぷん

Zeitraum			
Tage －日	Wochen －週間	Monate －か月	Jahre －年
1	いちにち	いっしゅうかん	いっかげつ	いちねん
2	ふつか	にしゅうかん	にかげつ	にねん
3	みっか	さんしゅうかん	さんかげつ	さんねん
4	よっか	よんしゅうかん	よんかげつ	よねん
5	いつか	ごしゅうかん	ごかげつ	ごねん
6	むいか	ろくしゅうかん	ろっかげつ、はんとし	ろくねん
7	なのか	ななしゅうかん、しちしゅうかん	ななかげつ、しちかげつ	ななねん、しちねん
8	ようか	はっしゅうかん	はちかげつ、はっかげつ	はちねん
9	ここのか	きゅうしゅうかん	きゅうかげつ	きゅうねん
10	とおか	じゅっしゅうかん、じっしゅうかん	じゅっかげつ、じっかげつ	じゅうねん
?	なんにち	なんしゅうかん	なんかげつ	なんねん

IV. Zähleinheitssuffix

	Gegenstände	Personen －人	Reihenfolge －番	dünne, flache Gegenstände －枚
1	ひとつ	ひとり	いちばん	いちまい
2	ふたつ	ふたり	にばん	にまい
3	みっつ	さんにん	さんばん	さんまい
4	よっつ	よにん	よんばん	よんまい
5	いつつ	ごにん	ごばん	ごまい
6	むっつ	ろくにん	ろくばん	ろくまい
7	ななつ	ななにん、しちにん	ななばん	ななまい
8	やっつ	はちにん	はちばん	はちまい
9	ここのつ	きゅうにん	きゅうばん	きゅうまい
10	とお	じゅうにん	じゅうばん	じゅうまい
?	いくつ	なんにん	なんばん	なんまい

	Maschinen & Fahrzeuge －台	Alter －歳	Bücher & Hefte －冊	Kleidung －着
1	いちだい	いっさい	いっさつ	いっちゃく
2	にだい	にさい	にさつ	にちゃく
3	さんだい	さんさい	さんさつ	さんちゃく
4	よんだい	よんさい	よんさつ	よんちゃく
5	ごだい	ごさい	ごさつ	ごちゃく
6	ろくだい	ろくさい	ろくさつ	ろくちゃく
7	ななだい	ななさい	ななさつ	ななちゃく
8	はちだい	はっさい	はっさつ	はっちゃく
9	きゅうだい	きゅうさい	きゅうさつ	きゅうちゃく
10	じゅうだい	じゅっさい、じっさい	じゅっさつ、じっさつ	じゅっちゃく、じっちゃく
?	なんだい	なんさい	なんさつ	なんちゃく

~だん (Regale)

	Häufigkeit	kleine Gegenstände	Schuhe & Socken	Häuser
	－回	－個	－足	－軒
1	いっかい	いっこ	いっそく	いっけん
2	にかい	にこ	にそく	にけん
3	さんかい	さんこ	さんぞく	さんげん
4	よんかい	よんこ	よんそく	よんけん
5	ごかい	ごこ	ごそく	ごけん
6	ろっかい	ろっこ	ろくそく	ろっけん
7	ななかい	ななこ	ななそく	ななけん
8	はっかい	はっこ	はっそく	はっけん
9	きゅうかい	きゅうこ	きゅうそく	きゅうけん
10	じゅっかい、じっかい	じゅっこ、じっこ	じゅっそく、じっそく	じゅっけん、じっけん
?	なんかい	なんこ	なんぞく	なんげん

	Stockwerke	dünne, lange Gegenstände	Getränke etc. in Tassen & Gläsern	kleine Tiere, Fische & Insekten
	－階	－本	－杯	－匹
1	いっかい	いっぽん	いっぱい	いっぴき
2	にかい	にほん	にはい	にひき
3	さんがい	さんぼん	さんばい	さんびき
4	よんかい	よんほん	よんはい	よんひき
5	ごかい	ごほん	ごはい	ごひき
6	ろっかい	ろっぽん	ろっぱい	ろっぴき
7	ななかい	ななほん	ななはい	ななひき
8	はっかい	はっぽん	はっぱい	はっぴき
9	きゅうかい	きゅうほん	きゅうはい	きゅうひき
10	じゅっかい、じっかい	じゅっぽん、じっぽん	じゅっぱい、じっぱい	じゅっぴき、じっぴき
?	なんがい	なんぼん	なんばい	なんびき

V. Flexion der Verben

Gruppe I

	ます-Form	て-Form	Wörterbuchform
会います [ともだちに 〜]	あい ます	あって	あう
遊びます	あそび ます	あそんで	あそぶ
洗います	あらい ます	あらって	あらう
あります	あり ます	あって	ある
あります	あり ます	あって	ある
あります [おまつりが 〜]	あり ます	あって	ある
歩きます [みちを 〜]	あるき ます	あるいて	あるく
言います	いい ます	いって	いう
行きます	いき ます	いって	いく
急ぎます	いそぎ ます	いそいで	いそぐ
要ります [ビザが 〜]	いり ます	いって	いる
動きます [とけいが 〜]	うごき ます	うごいて	うごく
歌います	うたい ます	うたって	うたう
売ります	うり ます	うって	うる
置きます	おき ます	おいて	おく
送ります	おくり ます	おくって	おくる
送ります [ひとを 〜]	おくり ます	おくって	おくる
押します	おし ます	おして	おす
思います	おもい ます	おもって	おもう
思い出します	おもいだし ます	おもいだして	おもいだす
泳ぎます	およぎ ます	およいで	およぐ
終わります	おわり ます	おわって	おわる
買います	かい ます	かって	かう
返します	かえし ます	かえして	かえす
帰ります	かえり ます	かえって	かえる
かかります	かかり ます	かかって	かかる
書きます	かき ます	かいて	かく
貸します	かし ます	かして	かす
勝ちます	かち ます	かって	かつ
かぶります [ぼうしを 〜]	かぶり ます	かぶって	かぶる

ない-Form		た-Form	Bedeutung	Lektion
あわ	ない	あった	sich [mit Freunden] treffen	6
あそば	ない	あそんだ	sich amüsieren, spielen	13
あらわ	ない	あらった	waschen, spülen	18
―	ない	あった	haben, besitzen	9
―	ない	あった	(da) sein, es gibt~ (für Gegenstände)	10
―	ない	あった	stattfinden, [ein Fest] findet statt	21
あるか	ない	あるいた	[den Weg] zu Fuß gehen	23
いわ	ない	いった	sagen	21
いか	ない	いった	gehen, fahren, fliegen	5
いそが	ない	いそいだ	sich beeilen	14
いら	ない	いった	[ein Visum] benötigen	20
うごか	ない	うごいた	sich bewegen, [die Uhr] funktioniert	23
うたわ	ない	うたった	singen	18
うら	ない	うった	verkaufen	15
おか	ない	おいた	stellen, legen	15
おくら	ない	おくった	(ab-)schicken (Paket, Päckchen, Fax, etc.)	7
おくら	ない	おくった	[die Person] bringen	24
おさ	ない	おした	schieben, drücken	16
おもわ	ない	おもった	denken, glauben, der Meinung sein	21
おもいださ	ない	おもいだした	sich erinnern	15
およが	ない	およいだ	schwimmen	13
おわら	ない	おわった	enden	4
かわ	ない	かった	kaufen	6
かえさ	ない	かえした	zurückgeben	17
かえら	ない	かえった	nach Hause gehen, zurückkehren	5
かから	ない	かかった	kosten, dauern (in Bezug auf Zeit oder Geld)	11
かか	ない	かいた	schreiben, malen	6
かさ	ない	かした	verleihen	7
かた	ない	かった	gewinnen, siegen	21
かぶら	ない	かぶった	[einen Hut] aufsetzen	22

	ます-Form	て-Form	Wörterbuchform
聞きます	きき ます	きいて	きく
聞きます ［せんせいに 〜］	きき ます	きいて	きく
切ります	きり ます	きって	きる
消します	けし ます	けして	けす
触ります ［ドアに 〜］	さわり ます	さわって	さわる
知ります	しり ます	しって	しる
吸います ［たばこを 〜］	すい ます	すって	すう
住みます	すみ ます	すんで	すむ
座ります	すわり ます	すわって	すわる
立ちます	たち ます	たって	たつ
出します ［てがみを 〜］	だし ます	だして	だす
出します	だし ます	だして	だす
出します ［レポートを 〜］	だし ます	だして	だす
使います	つかい ます	つかって	つかう
着きます ［えきに 〜］	つき ます	ついて	つく
作ります、造ります	つくり ます	つくって	つくる
連れて 行きます	つれていき ます	つれて いって	つれて いく
手伝います	てつだい ます	てつだって	てつだう
泊まります ［ホテルに 〜］	とまり ます	とまって	とまる
取ります	とり ます	とって	とる
撮ります ［しゃしんを 〜］	とり ます	とって	とる
取ります ［としを 〜］	とり ます	とって	とる
直します	なおし ます	なおして	なおす
なくします	なくし ます	なくして	なくす
習います	ならい ます	ならって	ならう
なります	なり ます	なって	なる
脱ぎます	ぬぎ ます	ぬいで	ぬぐ
登ります ［やまに 〜］	のぼり ます	のぼって	のぼる
飲みます	のみ ます	のんで	のむ
飲みます ［くすりを 〜］	のみ ます	のんで	のむ

ない-Form		た-Form	Bedeutung	Lektion
きか	ない	きいた	hören	6
きか	ない	きいた	[den/die Lehrer(in)] fragen	23
きら	ない	きった	schneiden	7
けさ	ない	けした	ausschalten	14
さわら	ない	さわった	[die Tür] berühren	23
しら	ない	しった	kennen lernen, erfahren	15
すわ	ない	すった	[Zigaretten] rauchen	6
すま	ない	すんだ	wohnen (nur für zukünftige Wohnsitze)	15
すわら	ない	すわった	sich hinsetzen	15
たた	ない	たった	sich hinstellen, aufstehen	15
ださ	ない	だした	[einen Brief] abschicken	13
ださ	ない	だした	herausnehmen, abheben	16
ださ	ない	だした	einreichen, [eine Hausarbeit] abgeben	17
つかわ	ない	つかった	benutzen, verwenden	15
つか	ない	ついた	[am Bahnhof] ankommen	25
つくら	ない	つくった	produzieren, herstellen, machen, bauen	15
つれて いか	ない	つれて いった	(jn.) mitnehmen	24
てつだわ	ない	てつだった	helfen (bei Aufgaben)	14
とまら	ない	とまった	[in einem Hotel] übernachten	19
とら	ない	とった	nehmen, (jm. et.) reichen	14
とら	ない	とった	[Fotos] machen, fotografieren	6
とら	ない	とった	[alt] werden	25
なおさ	ない	なおした	reparieren, korrigieren	20
なくさ	ない	なくした	verlieren	17
ならわ	ない	ならった	lernen (von jm. et. lernen)	7
なら	ない	なった	werden	19
ぬが	ない	ぬいだ	(sich) ausziehen	17
のぼら	ない	のぼった	klettern, [auf einen Berg] steigen	19
のま	ない	のんだ	trinken	6
のま	ない	のんだ	[Medizin] einnehmen	17

	ます-Form		て-Form	Wörterbuchform
乗ります [でんしゃに ～]	のり	ます	のって	のる
入ります [きっさてんに ～]	はいり	ます	はいって	はいる
入ります [だいがくに ～]	はいり	ます	はいって	はいる
入ります [おふろに ～]	はいり	ます	はいって	はいる
はきます [くつを ～]	はき	ます	はいて	はく
働きます	はたらき	ます	はたらいて	はたらく
弾きます	ひき	ます	ひいて	ひく
引きます	ひき	ます	ひいて	ひく
降ります [あめが ～]	ふり	ます	ふって	ふる
払います	はらい	ます	はらって	はらう
話します	はなし	ます	はなして	はなす
曲がります [みぎへ ～]	まがり	ます	まがって	まがる
待ちます	まち	ます	まって	まつ
回します	まわし	ます	まわして	まわす
持ちます	もち	ます	もって	もつ
持って 行きます	もっていき	ます	もって いって	もって いく
もらいます	もらい	ます	もらって	もらう
役に 立ちます	やくにたち	ます	やくに たって	やくに たつ
休みます	やすみ	ます	やすんで	やすむ
休みます [かいしゃを ～]	やすみ	ます	やすんで	やすむ
呼びます	よび	ます	よんで	よぶ
読みます	よみ	ます	よんで	よむ
わかります	わかり	ます	わかって	わかる
渡ります [はしを ～]	わたり	ます	わたって	わたる

ない-Form		た-Form	Bedeutung	Lektion
のら	ない	のった	fahren, [den Zug] nehmen, [in den Zug] einsteigen	16
はいら	ない	はいった	hineingehen, [ein Café] betreten	13
はいら	ない	はいった	sich [an der Universität] einschreiben	16
はいら	ない	はいった	[ein Bad] nehmen, baden	17
はか	ない	はいた	tragen, [Schuhe] anziehen	22
はたらか	ない	はたらいた	arbeiten	4
ひか	ない	ひいた	(ein Saiteninstrument) spielen	18
ひか	ない	ひいた	ziehen	23
ふら	ない	ふった	fallen, es regnet	14
はらわ	ない	はらった	bezahlen	17
はなさ	ない	はなした	sprechen, reden, erzählen	14
まがら	ない	まがった	[nach rechts] abbiegen	14
また	ない	まった	warten	14
まわさ	ない	まわした	drehen	23
もた	ない	もった	(fest-)halten, tragen, haben, besitzen	14
もっていか	ない	もっていった	(et.) mitnehmen	17
もらわ	ない	もらった	erhalten, bekommen	7
やくに たた	ない	やくに たった	nützlich sein	21
やすま	ない	やすんだ	Pause machen, sich ausruhen, Urlaub nehmen	4
やすま	ない	やすんだ	[in der Firma (od. Schule)] freinehmen	11
よば	ない	よんだ	rufen	14
よま	ない	よんだ	lesen	6
わから	ない	わかった	verstehen, begreifen	9
わたら	ない	わたった	[die Brücke] überqueren	23

Gruppe II

	ます-Form	て-Form	Wörterbuchform
開けます	あけます	あけて	あける
あげます	あげます	あげて	あげる
集めます	あつめます	あつめて	あつめる
浴びます [シャワーを ～]	あびます	あびて	あびる
います	います	いて	いる
います [こどもが ～]	います	いて	いる
います [にほんに ～]	います	いて	いる
入れます	いれます	いれて	いれる
いれます [コーヒーを ～]	いれます	いれて	いれる
生まれます	うまれます	うまれて	うまれる
起きます	おきます	おきて	おきる
教えます	おしえます	おしえて	おしえる
教えます [じゅうしょを ～]	おしえます	おしえて	おしえる
覚えます	おぼえます	おぼえて	おぼえる
降ります [でんしゃを ～]	おります	おりて	おりる
換えます	かえます	かえて	かえる
変えます	かえます	かえて	かえる
かけます [でんわを ～]	かけます	かけて	かける
かけます [めがねを ～]	かけます	かけて	かける
借ります	かります	かりて	かりる
考えます	かんがえます	かんがえて	かんがえる
気を つけます [くるまに ～]	きを つけます	きを つけて	きを つける
着ます [シャツを ～]	きます	きて	きる
くれます	くれます	くれて	くれる
閉めます	しめます	しめて	しめる
調べます	しらべます	しらべて	しらべる
捨てます	すてます	すてて	すてる
食べます	たべます	たべて	たべる
足ります	たります	たりて	たりる
疲れます	つかれます	つかれて	つかれる

ない-Form		た-Form	Bedeutung	Lektion
あけ	ない	あけた	öffnen	14
あげ	ない	あげた	geben, schenken	7
あつめ	ない	あつめた	sammeln	18
あび	ない	あびた	[eine Dusche] nehmen, sich duschen	16
い	ない	いた	(da) sein, es gibt~ (für Lebewesen)	10
い	ない	いた	[ein Kind] haben	11
い	ない	いた	[in Japan] sein	11
いれ	ない	いれた	hineintun	16
いれ	ない	いれた	[Kaffee] machen	24
うまれ	ない	うまれた	geboren werden	22
おき	ない	おきた	aufstehen	4
おしえ	ない	おしえた	lehren, beibringen	7
おしえ	ない	おしえた	erklären, [die Adresse] mitteilen	14
おぼえ	ない	おぼえた	sich merken, (auswendig) lernen, erlernen	17
おり	ない	おりた	herabsteigen, [aus dem Zug] aussteigen	16
かえ	ない	かえた	(aus-)tauschen, wechseln	18
かえ	ない	かえた	ändern	23
かけ	ない	かけた	anrufen	7
かけ	ない	かけた	[eine Brille] tragen	22
かり	ない	かりた	borgen, sich ausleihen	7
かんがえ	ない	かんがえた	(nach-)denken, überlegen	25
きを つけ	ない	きを つけた	achten, [auf Autos] aufpassen	23
き	ない	きた	[ein Hemd] anziehen, tragen	22
くれ	ない	くれた	(mir) geben	24
しめ	ない	しめた	schließen	14
しらべ	ない	しらべた	untersuchen, überprüfen	20
すて	ない	すてた	wegwerfen	18
たべ	ない	たべた	essen	6
たり	ない	たりた	(aus-)reichen	21
つかれ	ない	つかれた	müde werden	13

	ます-Form	て-Form	Wörterbuchform
つけます	つけます	つけて	つける
出かけます	でかけます	でかけて	でかける
できます	できます	できて	できる
出ます [きっさてんを ～]	でます	でて	でる
出ます [だいがくを ～]	でます	でて	でる
出ます [おつりが ～]	でます	でて	でる
止めます	とめます	とめて	とめる
寝ます	ねます	ねて	ねる
乗り換えます	のりかえます	のりかえて	のりかえる
始めます	はじめます	はじめて	はじめる
負けます	まけます	まけて	まける
見せます	みせます	みせて	みせる
見ます	みます	みて	みる
迎えます	むかえます	むかえて	むかえる
やめます [かいしゃを ～]	やめます	やめて	やめる
忘れます	わすれます	わすれて	わすれる

ない-Form		た-Form	Bedeutung	Lektion
つけ	ない	つけた	einschalten	14
でかけ	ない	でかけた	weggehen, das Haus verlassen, ausgehen	17
でき	ない	できた	(et.) können, fähig sein, möglich sein	18
で	ない	でた	hinausgehen, [ein Café] verlassen	13
で	ない	でた	absolvieren, [die Universität] abschließen	16
で	ない	でた	herauskommen, [Wechselgeld] kommt heraus	23
とめ	ない	とめた	anhalten, parken, stoppen	14
ね	ない	ねた	schlafen, ins Bett gehen	4
のりかえ	ない	のりかえた	umsteigen	16
はじめ	ない	はじめた	anfangen, beginnen	14
まけ	ない	まけた	verlieren (beim Spiel, Wettkampf)	21
みせ	ない	みせた	zeigen	14
み	ない	みた	sehen	6
むかえ	ない	むかえた	abholen, begrüßen, willkommen heißen	13
やめ	ない	やめた	aufhören, [in der Firma] kündigen	16
わすれ	ない	わすれた	vergessen, liegen lassen	17

Gruppe III

	ます-Form	て-Form	Wörterbuchform
案内します	あんないし ます	あんないして	あんないする
運転します	うんてんし ます	うんてんして	うんてんする
買い物します	かいものし ます	かいものして	かいものする
来ます	き ます	きて	くる
結婚します	けっこんし ます	けっこんして	けっこんする
見学します	けんがくし ます	けんがくして	けんがくする
研究します	けんきゅうし ます	けんきゅうして	けんきゅうする
コピーします	コピーし ます	コピーして	コピーする
散歩します［こうえんを 〜］	さんぽし ます	さんぽして	さんぽする
残業します	ざんぎょうし ます	ざんぎょうして	ざんぎょうする
します	し ます	して	する
修理します	しゅうりし ます	しゅうりして	しゅうりする
出張します	しゅっちょうし ます	しゅっちょうして	しゅっちょうする
紹介します	しょうかいし ます	しょうかいして	しょうかいする
食事します	しょくじし ます	しょくじして	しょくじする
心配します	しんぱいし ます	しんぱいして	しんぱいする
説明します	せつめいし ます	せつめいして	せつめいする
洗濯します	せんたくし ます	せんたくして	せんたくする
掃除します	そうじし ます	そうじして	そうじする
連れて来ます	つれて き ます	つれて きて	つれて くる
電話します	でんわし ます	でんわして	でんわする
引っ越しします	ひっこしし ます	ひっこしして	ひっこしする
勉強します	べんきょうし ます	べんきょうして	べんきょうする
持って来ます	もって き ます	もって きて	もって くる
予約します	よやくし ます	よやくして	よやくする
留学します	りゅうがくし ます	りゅうがくして	りゅうがくする
練習します	れんしゅうし ます	れんしゅうして	れんしゅうする

ない-Form		た-Form	Bedeutung	Lektion
あんないし	ない	あんないした	führen, den Weg zeigen	24
うんてんし	ない	うんてんした	fahren (am Steuer sitzen)	18
かいものし	ない	かいものした	einkaufen, Einkäufe machen	13
こ	ない	きた	kommen	5
けっこんし	ない	けっこんした	heiraten	13
けんがくし	ない	けんがくした	besichtigen (auch für Praktika, zum Lernen)	18
けんきゅうし	ない	けんきゅうした	forschen	15
コピーし	ない	コピーした	kopieren (mit Kopierer)	14
さんぽし	ない	さんぽした	[im Park] spazieren (gehen)	13
ざんぎょうし	ない	ざんぎょうした	Überstunden machen	17
し	ない	した	tun, machen	6
しゅうりし	ない	しゅうりした	reparieren	20
しゅっちょうし	ない	しゅっちょうした	eine Dienstreise machen	17
しょうかいし	ない	しょうかいした	(jn.) vorstellen, bekannt machen	24
しょくじし	ない	しょくじした	essen, Mahlzeit halten	13
しんぱいし	ない	しんぱいした	sich sorgen	17
せつめいし	ない	せつめいした	erklären	24
せんたくし	ない	せんたくした	Wäsche waschen	19
そうじし	ない	そうじした	sauber machen, putzen (ein Zimmer)	19
つれて こ	ない	つれて きた	(jn.) mitbringen	24
でんわし	ない	でんわした	telefonieren	20
ひっこしし	ない	ひっこしした	umziehen	23
べんきょうし	ない	べんきょうした	studieren, lernen	4
もって こ	ない	もって きた	(et.) mitbringen	17
よやくし	ない	よやくした	reservieren, buchen	18
りゅうがくし	ない	りゅうがくした	ins Ausland gehen, um zu studieren	25
れんしゅうし	ない	れんしゅうした	üben	19

Verfasser :

田中よね　　*Yone Tanaka*
The Association for Overseas Technical Scholarship
Matsushita Electric Industrial Co., LTD. Overseas Training Center
Coordinadora de Cursos del Idioma Japonés

牧野昭子　　*Akiko Makino*
The Association for Overseas Technical Scholarship
The Japan Foundation Japanese-Language Institute, Kansai

重川明美　　*Akemi Shigekawa*
The Association for Overseas Technical Scholarship
Matsushita Electric Industrial Co., LTD. Overseas Training Center

御子神慶子　　*Keiko Mikogami*
The Association for Overseas Technical Scholarship
Matsushita Electric Industrial Co., LTD. Overseas Training Center

古賀千世子　　*Chiseko Koga*
Kobe University International Students Center
Matsushita Electric Industrial Co., LTD. Overseas Training Center

石井千尋　　*Chihiro Ishii*
YWCA Teachers' Association

Redakteure :

石沢弘子　　*Hiroko Ishizawa*
The Association for Overseas Technical Scholarship

豊田宗周　　*Munechika Toyoda*
The Association for Overseas Technical Scholarship

Übersetzer :

ガブリエーレ・ディートリッヒ　　*Gabriele Dittrich*

藤田香織　　*Kaori Fujita*
Lektorin am Lehrstuhl Modernes Japan der Heinrich-Heine-Universität Düsseldorf

野呂香代子　　*Kayoko Noro*
Sprachlektorin der Japanischen Sprachkurse, Japanisches Kulturinstitut in Köln (The Japan Foundation)

シュテファニー・ライバー　　*Stefanie Raiber*
Mitarbeiterin des Japanischen Kulturinstituts in Köln (The Japan Foundation)

久保田美子　　*Yoshiko Kubota*
Cheflektorin der Japanischen Sprachkurse, Japanisches Kulturinstitut in Köln (The Japan Foundation)

Illustrator :

田辺澄美　　*Kiyomi Tanabe*

写真提供
©オリオンプレス
栃木県
姫路市
広島県
鹿苑寺（撮影：柴田秋介）

みんなの日本語　初級 I
翻訳・文法解説　ドイツ語版

2002年8月26日　初版第1刷発行

編著者　株式会社 スリーエーネットワーク
発行者　髙井道博
発　行　株式会社 スリーエーネットワーク
　　　　〒101-0064 東京都千代田区猿楽町2-6-3（松栄ビル）
　　　　電話　営業　03(3292)5751
　　　　　　　編集　03(3292)6521
　　　　http://www.3anet.co.jp
印　刷　日本印刷株式会社

不許複製　　　　　　　　　　ISBN4-88319-239-3 C0081
落丁・乱丁本はお取替えいたします。

初級日本語教材の定番 みんなの日本語シリーズ

みんなの日本語初級 I

本冊	2,500円	標準問題集	900円
本冊・ローマ字版	2,500円	漢字英語版	1,800円
翻訳・文法解説ローマ字版(英語)	2,000円	漢字カードブック	600円
翻訳・文法解説英語版	2,000円	初級で読めるトピック25	1,400円
翻訳・文法解説中国語版	2,000円	書いて覚える文型練習帳	1,300円
翻訳・文法解説韓国語版	2,000円	教え方の手引き	2,800円
翻訳・文法解説スペイン語版	2,000円	カセットテープ	6,000円
翻訳・文法解説フランス語版	2,000円	携帯用絵教材	6,000円
翻訳・文法解説ポルトガル語版	2,000円	B4サイズ絵教材	36,000円
翻訳・文法解説タイ語版	2,000円	練習C・会話イラストシート	2,000円
翻訳・文法解説インドネシア語版	2,000円	会話ビデオ	10,000円
翻訳・文法解説ロシア語版	2,000円		

みんなの日本語初級 II

本冊	2,500円	漢字英語版	1,800円
翻訳・文法解説英語版	2,000円	初級で読めるトピック25	1,400円
翻訳・文法解説中国語版	2,000円	書いて覚える文型練習帳	1,300円
翻訳・文法解説韓国語版	2,000円	教え方の手引き	2,800円
翻訳・文法解説スペイン語版	2,000円	カセットテープ	6,000円
翻訳・文法解説フランス語版	2,000円	携帯用絵教材	6,500円
翻訳・文法解説ポルトガル語版	2,000円	B4サイズ絵教材	38,000円
翻訳・文法解説タイ語版	2,000円	練習C・会話イラストシート	2,000円
翻訳・文法解説インドネシア語版	2,000円	会話ビデオ	10,000円
標準問題集	900円		

みんなの日本語初級 やさしい作文 1,200円

ホームページで
新刊や日本語セミナーを
ご案内しております
http://www.3anet.co.jp

価格は税別です
スリーエーネットワーク